오노균의 태권도 반세기

Taekwondo half a century of Oh-NoKyun

이 도서의 국립중앙도서관 출판예정도서목록(CIP)은 서지정보유통지원시스템 홈페이지(http://seoji.nl.go.kr)와 국가자료종합목록 구축시스템(http://kolis-net.nl.go.kr)에서 이용하실 수 있습니다. (CIP제어번호 : CIP2020042182)

오노균의 태권도 반세기

Taekwondo half a century of Oh-NoKyun

오노균 지음
by Oh, No-Kyun

60대 중반인 내 인생을 돌이켜보면 내가 가장 많은 시간과 애정을 쏟은 분야는 '태권도'와 '농촌'이다. 이 둘은 내가 지금도 가장 관심을 갖는 분야이고, 앞으로도 내 생을 마치는 순간까지 애정을 쏟아부을 대상이다. 특히 태권도는 오노균 인생의 전부라고 해도 과언이 아닐 삶 자체이다. 오노균에 대해 말할 때 태권도를 뺀다면 할 말도 없고, 해줄 말도 없다. 오직 태권도를 위해 살아온 한평생이라고 감히 말할 수 있다.

2020년은 나 오노균이 태권도에 입문한 지 꼭 52년이 되는 해이다. 지금껏 그래왔고 앞으로도 그러하겠지만 나의 삶은 태권도와 함께 할 것이다. 그래서 태권도와 오노균의 동반은 늘 현재진행형이다. 그래서 50년 이란 숫자에도 큰 의미를 두려 하지 않았다. 하지만 내가 지금 태권도 인생을 잘 살아가고 있는지에 대해 점검하는 기회를 갖고자 그동안의 행적을 소략하게나마 책자로 제작해 정리해 주는 작업이 필요하다고 생각했다. 그래서 부랴부랴 자료를 모아 정리하여 책을 만들었다.

태권도를 단순한 스포츠에 머물게 하지 않고 문화로 격상시켜 온 국민이, 나아가 세계인이 즐기는 축제로 만들기 위해 나의 혼을 다했다. 대한민국 국기 태권도가 세계 무예의 중심이 되고, 으뜸이 되게 내 청춘을 바쳤다. 태권도를 통해 남북이 하나가 되어 한 방향을 보고 함께 걸어 나갈 수 있게 하는 데도 전력을 다했다. 내가 태권도인이라는 사실이 평생의 자랑이었고, 내가 평생 태권도를 위해 일할 수 있음에 감사하며 살았다.

선수와 지도자를 거쳤고 국제심판과 대학교수의 길을 걸었다. 태권도협회장과 각종 단체의 리더를 경험하였다. 그래서 각자의 입장에서 무엇이 가장 간절하고 시급한 사항인지를 누구보다 잘 알고 있다. 남은 태권도 인생은 후배들을 위해 이러한 문제를 누구보다 앞장서 해결해주고, 길을 제시해주는 역할을 하며 살아갈 것이다. 또한 태권도를 세계 최고의 무예로 정착시키는데 내 모든 정열을 쏟아낼 것이다. 누구보다 태권도를 사랑했던 인물로 기억되고 싶다. 그것이 남은 소원이다.

소략하고 일천한 내용의 원고를 말쑥하게 편집하여 산뜻한 디자인의 책으로 만들어 주신 이든북 편집 관계자분들께 깊은 감사를 드린다. 거친 원고를 가다듬어 옥고로 만들어주신 김도운 금강일보 논설위원께도 지면을 통해 감사의 인사 드린다. 이 책을 읽는 모든 이들이 행복하길 바라는 마음으로 써 내려가니 집필하는 내내 흐뭇하고 즐거웠다. 가족과 모든 태권도인들에게 거듭 감사의 마음을 전한다. 지면을 통해 여생을 태권도와 함께 동행하겠다고 거듭 약속드린다.

태권도입문 52주년 초가을에

한밭벌 태평들판에서 석강

오노균

도 종 환

국회 문화체육관광위원장, 전 문화체육부장관

흔히 문화와 체육을 별개의 개념으로 생각하기 쉽습니다. 하지만 문화와 체육은 같은 맥락 속에서 살펴봐야 할 대상이며, 분리해서 생각할 수 없는 개념입니다. 이 같은 사실을 가장 명백히 입증해 보이는 사례가 바로 태권도입니다. 태권도는 단순한 체육활동이나 기술 또는 수련의 개념으로 볼 수 없습니다. 태권도는 우리의 자랑스러운 문화이며 민족정기입니다.

태권도를 단순한 체육활동으로만 보는 것은 태권도의 참모습을 이해하지 못하기 때문입니다. 외국인이 한국을 생각하며 가장 먼저 떠올리는 이미지가 몇 가지 있습니다. 대륙이나 문화권에 따라 다르고, 나이별로 다를 수 있습니다. 누군가는 김치를 생각하고 누군가는 K팝을 떠올릴 수 있습니다. 하지만 전 대륙에 걸쳐, 전 연령에 걸쳐 가장 상징적으로 대한민국을 생각하며 떠올리는 이미지는 태권도일 것이라고 저는 생각합니다.

대한민국, 나아가 한민족의 국기인 태권도는 우리가 반만년의 역사를 통해 이루어낸 많은 역사문화 중 가장 상징적이면서 가장 널리 인정받고 있는 문화가 '한글'과 '태권도'라고 생각합니다. 고대부터 우리 민족이 심신의 수련을 위해 갈고 닦았던 태권도는 우리 민족문화의 결정체라고 할 수 있습니다. 그래서 우리는 누구랄 것 없이 태권도를 자랑스러워하고 사랑합니다.

오노균 박사는 과거 충청대학 스포츠외교학과 교수로 재직 시 '세계태권도문화축제'를 직접 기획한 분입니다. 본인이 직접 축제의 사무총장을 맡아 현장을 지휘하며 10년 가까이 태권도를 문화예술과 접목해 세계가 주목하는 풍성한 잔치로 끌어낸 분입니다. 이 축제를 통해 오노균 박사는 문화와 체육이 둘이 아닌 하나라는 사실을 온 천하에 입증해 보였습니다.

오노균 박사는 태권도를 진정 사랑하는 분입니다. 태권도를 향한 그의 열정은 무어라 쉽게 설명할 수 없습니다. 그의 일생 모든 과정에는 태권도가 함께 하고 있습니다. 태권도와 함께 살아온 반세기를 기념하기 위해 『오노균의 태권도 반세기』를 발간하시게 됨을 무한 축하드리며 태권도 발전을 위해 더욱 매진해 주실 것을 간곡히 당부드립니다.

이 기 흥
대한체육회장(IOC위원)

한국 태권도에 오노균 박사와 같은 인물이 존재한다는 것이 참으로 다행스럽습니다. 오노균 박사를 근거리에서 오랜 세월 지켜보면서 그의 태권도에 대한 열정과 애정을 고스란히 느낄 수 있었습니다. 적어도 제가 지켜본 오노균 박사는 일거수일투족이 태권도에서 시작해 태권도로 끝났습니다. 그는 하루 내내 태권도만 생각하는 사람입니다, 제가 그 점을 잘 압니다.

오 박사는 태권도 수련생으로 시작해 선수를 경험했고, 일선 지도자를 거쳐 대학에서 태권도를 연구하는 일을 했습니다. 세계태권도문화축제를 열어 태권도를 문화로 승격시킨 당사자입니다. 또한, 대전지역에서 태권도협회장직을 수행하면서 대단한 업적을 실현해 대전태권도협회가 타 시도 태권도협회의 귀감이 되게 했던 분입니다. 태권도와 관련해 그는 안 해본 일이 없는 분입니다. 그러니 그의 인생은 태권도 인생입니다.

태권도는 우리 민족이 창안해 2000년 넘게 계승 발전시켜온 국기입니다. 우리 한민족 심신 수련의 요체입니다. 태권도인들은 이러한 자긍심을 가지고 세계 최고의 무도로 성장시킨다는 포부를 갖고 있습니다.

내가 지켜본 오노균 박사는 바로 그런 포부를 온몸에 지니고 사시는 분입니다. 그런 그가 태권도 인생 50년을 기념하기 위해 『오노균의 태권도 반세기』를 저술한다고 하니 더 없는 축하를 드리고자 합니다. 자신이 전공한 종목을 위해 평생을 바쳐 연구하고, 외연의 확장을 위해 세계만방을 뛰어다닌 인물이 오노균 박사입니다. 이 책을 보면 그 행적을 이해하는데 도움이 될 것입니다.

출간을 거듭 축하드리며 앞으로도 대한민국 태권도, 나아가 모든 체육 발전을 위해 후배들에게 지속해서 모범을 보여주시길 당부드립니다. 오노균 박사는 무슨 일이든 가장 왕성하게 펼칠 수 있는 경륜이 되셨습니다. 태권도를 위해 큰 일을 해주시길 간곡히 당부드립니다. 50년 한 우물을 파 괄목할 성과를 내고, 나아가 세계적 인물로 성장하신 오노균 박사께 경의를 표하며 심심한 축하의 말씀을 전합니다. 감사합니다.

이기흥

김 병 준

前 부총리 겸 교육인적자원부장관

한국 태권도에 오노균 박사와 같은 인물이 존재한다는 것이 참으로 다행스럽습니다. 오노균 박사를 근거리에서 지켜보면서 그의 태권도에 대한 열정과 애정을 고스란히 느낄 수 있었습니다. 적어도 제가 지켜본 오노균 박사는 일거수일투족이 태권도에서 시작해 태권도로 끝났습니다. 그는 하루 내내 태권도만 생각하는 사람입니다.

오 박사는 세종특별자치시의 태권도 명문 부강중학교 선수 활동을 했고, 현도 도장 사범을 거쳐 충청대학에서 태권도를 지도하고 연구하는 일을 했습니다. 종주국 최초로 세계태권도문화축제를 열어 태권도를 문화로 승격시킨 당사자입니다. 또 세종시 초기에 자연보호협의회장을 역임하면서 시민운동의 틀을 제시하신 분입니다.

(사)국제무예올림피아드운동을 전개하여, 지역사회 발전과 청소년들의 국제화에 큰 공헌을 하고 계십니다. 대전지역에서는 새마을회장으로 지역개발운동을 선도적으로 실천해 왔으며, 태권도협회장으로는 탁월한 리더십를 발휘하여 타 시도 태권도협회의 귀감이 되게 하였습니다. NGO 활동을 통해 국내외를 넘나들면서 행동으로 실천하는 지도자입니다.

특히 태권도는 가장 한국적이면서 가장 세계적인 한민족의 문화 상징이라는 것을 저는 잘 알고 있습니다. 태권도는 우리 민족이 창안해 2000년 넘게 계승 발전시켜온 우리나라 국기입니다. 우리 한민족 심신 수련의 요체요 대표적 문화 상징입니다. 태권도인들은 이러한 자긍심을 가지고 세계 최고의 무도로 성장시킨다는 포부를 가져야 합니다.

내가 지켜본 오노균 박사는 바로 그런 포부를 온몸에 지니고 사시는 분입니다. 그런 그가 태권도 인생 50년을 기념하기 위해 『오노균의 태권도 반세기』를 저술한다고 하니 더 없는 축하를 드리고자 합니다. 자신이 전공한 종목을 위해 평생을 바쳐 연구하고, 외연의 확장을 위해 남과북을 연결하고. 세계만방을 뛰어다닌 인물이 오노균 박사입니다. 이 책을 보면 그 행적을 이해하는 데 도움이 될 것입니다.

출간을 거듭 축하드리며 앞으로도 대한민국 태권도, 나아가 모든 체육 발전을 위해 후배들에게 지속해서 모범을 보여주시길 당부드립니다. 무엇보다 태권도를 위해 세계적으로 큰 일을 해주시길 간곡히 당부드립니다. 50년 한 우물을 파 괄목할 성과를 내고, 나아가 세계적 인물로 성장하신 오노균 박사께 경의를 표하며 심심한 축하의 말씀을 전합니다. 감사합니다.

김병준

전 갑 길
세계태권도본부 국기원 이사장

오노균 박사는 지역 태권도, 국내 태권도, 세계 태권도에 이르기까지 모든 분야의 속사정을 구석구석 가장 많이 알고 있는 분입니다. 인맥도 두터워 세계 어느 나라에서든 태권도를 통해 민간외교관의 역할을 충실히 해내고 있는 분이십니다. 태권도와 함께 늘 즐겁게 사시는 모습에 박수를 보냅니다.

오노균 박사는 남북 태권도 교류협력을 위한 첫 깃발을 꽂아 태권도 역사에 길이 남을 족적을 남기신 분입니다. 충청대학교에 스포츠외교학과를 설립하여 태권도문화사절단을 결성해 이들을 이끌고 6개 대륙, 60여 개국을 순회하며 세계 곳곳에 태권도의 참 모습을 소개한 분입니다. 2000년 8월에는 남북태권도 공동시범을 연변에서 분단 사상 최초로 기획 추진하였고, 2002년 5월에도 조선태권도위원회의 초청으로 평양을 방문하여 첫 남북태권도 교류협력 사업을 성사시킨 분입니다. 민간 외교관인 태권도 사범을 양성해 세계 각국에 보급한 것도 오 박사의 빼놓을 수 없는 공로입니다.

세상은 어느 분야이든 열정으로 가득한 사람이 이끌어가게 마련입니다. 이런 면에서 오노균 박사는 열정으로 세계 태권도를 이끌어가고 있는 인물이라고 할 수 있습니다. 선수, 지도자, 국제심판, 교수, 협회장 등을 두루 거치며 태권도와 관련한 모든 자리를 경험했다는 점에서 오노균 박사는 태권도의 산증인이라고 해도 과언이 아닌 국내 몇 안 되는 인물입니다.

오노균 박사님! 감사합니다. 이번에 출간하는 『오노균의 태권도 반세기』가 태권도인들에게 바이블이 되어 더 크게 봉사하고 큰 역사를 써나갈 수 있는 나침반 역할을 하길 바랍니다. 넘치는 지혜와 탁월한 추진력으로 우리 태권도를 이끌어 주시기 바랍니다. 태권도인들에게 많은 아이디어를 제공해 주시고 바른길을 제시해 주시기 바랍니다.

오노균 박사님! 출간을 거듭 축하드립니다. 태권도가 세계인의 무도가 될 수 있도록 더 많은 애정과 관심을 베풀어 달라고 감히 당부드립니다. 지금껏 보여준 오 박사님의 혜안과 안목은 많은 후배에게 모범 답안지 역할을 할 것입니다. 태권도를 사랑해주셔서 진심 감사합니다.

목차

Contents

오노균의 태 권 도 반 세 기

내 인생의 키워드

나 오노균은 한국전쟁 휴전 후 베이비붐 세대로 태어나 대한민국의 성장과 발전, 민주화와 세계화의 과정을 직접 목도한 세대이다. 검정 고무신도 귀해서 신지 못하던 시절, 먹을 것이 없어서 미군의 구호물자를 배급받아 끼니를 때우던 시절, 학비가 없어 학교에 진학하지 못했던 시절을 몸으로 겪었다. 대한민국이 세계 10대 경제 대국으로 성장하는 과정을 또렷이 기억하고 있는 세대이다. 세계 최빈국이던 국가가 하계 및 동계 올림픽과 월드컵을 훌륭하게 치러내는 모습을 직접 목격하고 역사의 현장에 서 있었다. 대한민국이 가난에서 벗어나면서 민주화를 이루고 글로벌 국가로 성장해가는 전 과정을 생생하게 기억하고 있다.

짧지 않은 내 인생을 돌이켜보면서 내 인생을 정리하는 키워드가 무엇인지 생각해보았다. 남들은 자신의 인생을 반추하며 핵심

▲ (위)지난 2018년 오노균의 태권도 인생 50년을 기념하는 행사가 지인들의 주관으로 유성온천공원 일원에서 열렸다. (아래)대한민국 태권도 발전을 위해 많은 도움을 준 이동섭 국회의원과 이명수 국회의원이 대전 유성온천에서 진행된 오노균 태권도 인생 50년 기념행사에 참석해 주었다.

키워드를 한참 고민하며 선택할지 몰라도 나 오노균의 인생을 정리하는 핵심 키워드는 아주 간단하고 명료하다. 그것은 '태권도'와 '농촌'이다. 어려서부터 태권도를 아주 잘하는 사람, 태권도를 아주 잘 가르치는 사람, 태권도를 전 세계에 보급하는 사람이 나의 꿈이었다. 또한, 농촌을 잘 살게 만드는 농촌 계몽가, 농촌운동가가 나의 소망이기도 했다. 이 두 가지 인생의 키워드는 아직도 유효하다.

태권도와 농촌은 전혀 어울리지 않는 별개의 단어처럼 들릴 수 있지만 내게는 하나와 같은 단어이다. 난 평생을 태권도와 농촌을 위해 살았다. 단 한순간도 태권도나 농촌을 떠나 다른 생각을 하지 않았다. 철저하게 태권도 인생, 농촌 계몽가로서의 인생을 살았다. 또한, 이 두 가지 인생의 키워드를 품고 살아갈 것이다. 국민 누구나 국기인 태권도를 수련하는 나라, 농촌이 행복하고 잘 사는 나라를 만드는 것이 내 인생의 목표이다. 이 목표를 위한 삶은 현재진행형이고 앞으로도 계속될 것이다. 꿈은 이루어진다.

태권도와의 인연

충청북도 청원군(현 청주시) 현도면 시목리 오박사마을이 내가 태어나고 자란 고향이다. 당시 어느 농촌 마을이 그러했듯이 우리 마을은 가난했고, 세상 소식에 둔감했을 뿐 아니라 희망도 없었다. 초등학교 5학년 때 공군부대원들이 초등학교를 찾았다. 그들은 농촌계몽을 위한 영화를 상영하는 한편 태권도 시범을 보여주고 어린이들에게 기본기를 가르쳐 주었다. 당시에는 '태권도'라는 이름보다는 '당수도'란 이름이 널리 사용되었다. 절도 있는 품새와 우렁찬 기합 소리가 어우러진 태권도 시범은 시골 어린이의 마음을 훔치기에 충분했다. 처음 접한 태권도는 이렇게 나의 마음에 깊이 각인되었다.

그리고 얼마 지나지 않아 보성 오 씨 집안의 아저씨와 형님이

천주교회 창고를 빌려 가마니를 깔고 임시도장을 만들어 그곳에서 동네 어린이들에게 태권도를 가르치기 시작했다. 이미 공군 부대원들의 시범을 보고 태권도에 깊게 빠져버린 어린 소년 오노균은 마을에 생긴 태권도장이 나를 위해 생긴 것이라는 숙명론을 받아들이기 시작했다. 수련이 시작되기 전 가장 먼저 도장에 도착해 청소하고 수련을 준비했다. 이렇게 깊이 태권도의 매력에 빠져 있으니 기술 하나하나를 습득할 때마다 스펀지처럼 빨아들이는 것은 당연했다. 변변한 도복이 있을 리 없었다. 미국 원조물자로 배달된 밀가루 포대를 천으로 삼아 만든 도복을 입었지만, 그것은 문제가 되지 않았다.

태권도를 배우는 시간이 세상에서 가장 행복했다. 어린아이가 너무도 열심히 배우는 모습에 사범도 각별한 애정을 쏟았다. 그래서 놀라울 정도로 빠른 기술습득 능력을 보였고, 단기간에 일취월장의 기술을 보였다. 체력도 눈에 띄게 좋아졌다. 왕복 10㎞인 동네에서 중학교까지의 거리를 뛰어다녔지만 지치지 않았다. 그 멀리에 있는 학교에 다녀오고도 오후 시간에는 마을 도장에서 태권도 수련을 게을리하지 않았다. 함께 태권도에 입문한 친구들보다 1년 앞서 1단(단번 4722번)의 고지를 밟았고, 1973년도에는 충북 무덕관 본관에서 김종선 관장의 지도로 공인 4단이 돼, 마침

내 꿈에 그리던 사범이 되었다. 내가 처음 사범으로 지휘봉을 잡은 것은 내가 수련한 '현도도장'이었다.

4단에 오르고 사범이 되었지만, 집안 형편 때문에 고교 진학을 하지 못했다. 그러나 낙담하지 않았다. 내겐 태권도가 있었기 때문이다. 고교에 진학하지 못하는 서운한 마음을 달래준 것은 역시 태권도였다. 한 가지를 더 꼽는다면 그것은 농촌 계몽운동이었다. 당시는 새마을운동의 바람이 농촌으로 불어 닥쳐 농촌을 계몽하기 위한 각종 시책이 강구되었다. 때마침 그때 4H회를 조직하여 농촌활동에 참여하였다. 하지만 중학교 졸업 실력으로 농촌운동을 한다는 것은 무리였다. 스스로 한계를 실감했다. 공부를 더 해서 농촌운동과 함께 태권도 사범으로 진로를 잡아야 한다고 생각했다.

기회가 찾아왔다. 또래들보다 무려 3년이나 늦었지만, 유성농업고등학교에 진학할 기회가 찾아왔다. 집안 살림은 나아진 것이 없었다. 태권도에 입문한 이후 각종 선수권대회 등에 출전해 다수의 성적을 거둔 뒤여서 유성농고에 특기생으로 입학할 기회가 왔다. 3년간 '이순신충무장학생'으로 학비를 내지 않는 조건이었다. 그래서 태권도선수 겸 지도자로 본격적으로 나섰다. 고교 재

▲ (위)1973년 현도도장 사범이던 시절, 제자들과 수련을 마친 후 기념촬영을 하였다. (아래) 1973년 도원초등학교 태권도 사범으로 재직 때 제1회 승급심사를 겸한 태권도대회를 개최하며 제자들과의 추억을 필름에 담았다.

상 장

제55회 전국체육대회
충청북도 예선대회

종목 태권도부

1위

청원군
오 노 균

1974년 5월 12일

대한체육회충청북도지부장 오용운

▲ 1974년 전국체육대회에 태권도 충북대표 선발전에서 1위를 차지하고 받은 상장이다.

학시절 第56회 전국체육대회에 출전하여 3위에 입상해 동메달을 따내는 등 발군의 실력을 발휘하였다. 1975년부터 1983년까지 10여 년 동안 전국종별선수권대회 등에서 많은 입상을 하였다. 나의 특기인 내려찍기와 정권지르기는 태권도인들 사이에 입소문이 날 정도로 매서웠다.

학비는 해결됐지만, 생활비와 기타 용돈 등이 필요했기에 고교 근처 슈퍼마켓 공가와 학교 기숙사에서 야간에 후배들을 가르치는 아르바이트를 해야 했다. 어려움을 겪을 때마다 태권도 정신으로 이겨낼 수 있었다. 어렵게 고교를 졸업하고 유성 무덕관에서 사범 생활을 이어갔고, 이후 군 복무를 하는 동안에도 주위에는 늘 친구들이 내 곁을 지켜주었다. 잊을 수 없는 친구 중 한 명은 충남대학교 태권도부 감독을 역임한 장태윤으로, 지금도 깊은 우정을 나누고 있다. 임연우, 김봉환, 조현도, 황승호, 한복동 등과도 덕우의 정을 나누고 있다. 이들은 박사학위도 받고 국기원 8~9단을 가진 실력파이기도 하다.

고교를 졸업하고 공직과 인연을 맺었다. 고교에 진학할 때의 초심을 잃지 않고 어려운 농촌계몽을 하겠다는 스스로 약속을 지키기 위해서였다. 82년 충청남도 대덕군청 농산과를 시작으로 대전시 서구청에 근무하기까지 15년간 공직에 몸담았다. 체계적으로 근무지마다 그 지역 특성을 잘 살려 주민계몽의 밑그림들을 그려나갔고 무슨 일을 하더라도 태권도는 나와 함께 했다. 그때 인연을 맺은 분들과 지금까지 소중한 관계를 이어오고 있다. 태권도 정신인 '의리'를 중시하며 어떤 일도 내일같이 나서서 도와주며 함께 했다. 태권도인으로서 명예와 자존심을 지키며 지역사회의 일꾼으로 성장했다.

열심히 일했던 공직생활 15년

공직자 신분으로 대덕군 기성면사무소에 근무할 때 내 인생을 바꾼 결정적 사건이 있었다. 흑석리(현 흑석동) 산골의 농협 빈 건물에 태권도장을 차려 일과 후 시간에 무료로 아이들을 가르쳤다. 또한, 담당 마을에 거주하는 독거노인들을 비롯해 장애인 등 사회적 취약계층을 수시로 돌보았다. 하루는 면사무소에 구호 물품으로 보급된 쌀을 수령하기 위해 노인분이 오셨다. 그분은 도저히 혼자서 그 쌀을 집까지 가져갈 수 없어 보였다. 쌀을 오토바이에 싣고 배달해드리기로 마음먹었다. 오토바이를 몰아 흑석리로 가던 도중 고갯길을 과속해 달려오던 맞은편 버스와 충돌해 무릎에 큰 부상을 입었다. 반년 넘게 입원을 하는 큰 사고였다. 태권도를 지도하는데 큰 장애가 될 수밖에 없었다. 훗날 이 사실이 알려져 2002년 국가유공자로 인정받게 되었다.

공직 10여 년은 또 다른 의미 있는 시간이었다. 하루 24시간이 부족할 정도로 열심히 살았다. 낮에는 공직자로서 업무에 최선을 다하고 저녁엔 도장에서 태권도를 지도하고, 집에 돌아와선 방송대학과 야간대학(대전실전)에서 행정학을 공부했다. 이 무렵 88올림픽이 열려 지원 요원으로 중앙부처인 체육부 근무를 신청했으나 전공경력이 미진하여 불발되었다. 그것이 발단돼 용인대학교 2학년으로 편입했다. 새벽기차 편으로 대전에서 수원까지 올라가 다시 버스로 용인 소재 학교로 가서 수업을 받고 다시 학교 버스로 수원으로 이동한 후 기차 편으로 대전에 와 오토바이를 타고 사무소에 오면 오후 4시가 넘었다. 그때부터 밤 10시까지 공무를 처리하고 귀가하면 11시가 되었다. 그런 생활을 하면서도 리포트 작성 등을 거르지 않았다. 3년간 이러한 초인간적인 삶을 지속하였다.

이때 지금도 잊을 수 없는 고마운 일이 있었다. 경제도 어려운 상황에서 조현도, 이우영, 민경배, 이태규, 권선횡, 연상경 사범이 뜻을 모아 승용차(현대 포니)를 사서 내게 선물로 주었다. 허술한 오토바이를 타고 동서남북을 가르고 학교와 사무소를 다니는 모습에 안타까워 사범들이 큰 힘으로 응원해 준 것이다. 나는 그때의 고마움을 평생 간직하며 살아가고 있다. 당시 대한민국은 진정한 마이카 시대가 열리기 전으로 승용차는 아무나 가질 수 없는 소유물이었다. 그런 시기에 가뜩이나 사정이 어려운 사범들이 십시일반 하여 내게 차를 선물했다는 것은 아주 의미 있는 일이었다.

용인대 재학시절에 매주 금요일 오후 부아산을 주파하는 지구력 훈련을 했다. 극한을 체험하게 했던 크로스컨트리트레이닝(Cross Country Training)은 지금도 큰 추억으로 남아있다. 당시 태권도학과 호랑이 교수로 인내와 극기 정신을 가르쳐주신 은사님이 바로 지금 아시아 태권도연맹 이규석 회장이시다. 어렵게 대학을 다닐 수 있게 도와준 친구이자 교수이신 김의영 선생은 내가 은인이라고 당당히 말한다. 이밖에 학습에 도움을 준 이관재 선생, 자취방에서 당번해준 김태환 선생 등은 잊을 수 없는 아우들이다. 김태환과 이우영, 이태규 신생은 이후에도 내가 운영하는 태권도장에서 헌신적으로 사범 역할을 하면서 나를 도와주었다.

이런 바쁜 생활 속에 1982년 유아교육 전공자인 전향자를 배필로 맞아 새로운 보금자리를 꾸렸다. 아내는 유치원을 운영하였고 나는 그 아이들에게 태권도를 가르쳤다. 도장 이름은 오현태권도장으로 지었다. 내가 처음 태권도를 수련한 곳이 '보성 오 씨' 집성촌인 '현도'였기 때문에 오 씨와 현도의 첫 자를 따서 지은 이

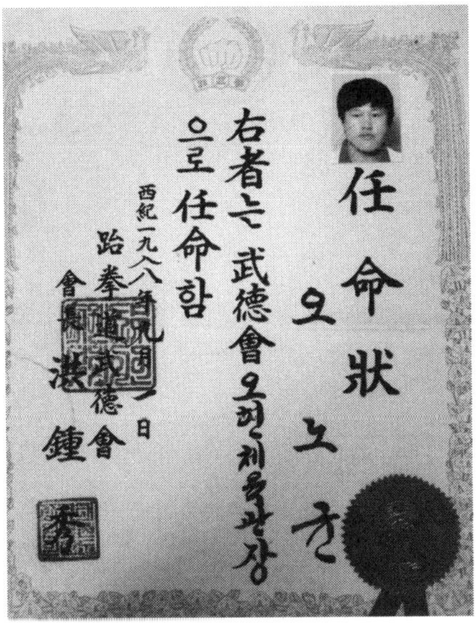

任命狀

오노균

右者는 武德會 오현체육관장

으로 任命함

西紀一九八八年九月一日

跆拳道武德會

會長 洪鍾

▶ 1988년 9월 1일 중앙 무덕회 홍종수 회장으로부터 오현체육관장 임명장을 받았다.

름이다. 이후 태어난 아들 이름까지 오현(吳鉉, 충청대 스포츠외교과 졸업 후 고려대 04학번 편입)이라고 지었다. 외아들 오현은 고려대에서 북한학을 전공하고 국제협력 단원으로 라오스(Laos) 시엠광주에 발령을 받아 첫 태권도장을 설립했다. 아들은 오현태권도 2대 관장으로 보문산 자락 문화동에서 태권도로 가업을 이어가고 있으면서 (사)국제무예올림피아드 사무국장으로 봉사하고 있다. 발달장애인들의 체육활동을 지원하는 스페셜올림픽 운동을 적극 전개하고, 종교활동도 열심히 하고 있다.

해외 활동의 시작

용인대학교 태권도학과를 졸업하고 91년 명지대학교 대학원에서 체육학 석사학위를 받았다. 한국체육대학교 교수들과 함께 미국 스포츠아카데미에서 텍사스 버클리대 김대식 박사를 은사로 모시고 스포츠경영학을 공부하였다. 이것이 계기가 돼 필리핀 사우스웨스턴대에 교환교수로 일할 기회가 찾아왔다. 이때 대학원 박사과정을 이수하여 교육학 박사학위도 받았다. 박사학위가 밑거름이 되어 97년 충청대학 스포츠외교학과 조교수로 초빙되었다. 대학교수 자리로 옮겨가게 되면서 공무원직을 내려놓게 되었다. 더불어 중앙부처인 체육부로 옮겨가 국가직으로 전환해 공무원을 계속하겠다는 꿈을 접게 되었다.

이미 박사학위를 취득해 교수직을 수행하고 있었지만, 학업을 계속하고자 고려대학교 대학원에 진학해 다시 박사학위 공부를 시작했다. '태권도 수련프로그램이 나이 계층별 신체 구성 및 체력에 미치는 효과'를 연구 Project로 운동 역학에 우리나라 권위자이신 김창국 박사를 지도교수로 모시고 태권도 품새를 분석하는 논문을 작성하였다. 그 덕에 고려대 1호 체육학 박사학위(종전에는 이학 박사학위를 수여 함)를 받았다. 또한, 공직자로 성실히 생활하며 만학도로 공부하고 대학교수까지 역임한 경력을 주변 태권도인으로부터 인정받아 대전광역시태권도협회장에 취임하게 되었다. 외아들 '오현' 사범은 국기원 5단으로 오현태권도장 2대 관장으로 가업을 잇고 있다.

제자이자 아들 오현 사범의 태권도 시범단 순방기

태권도 봉사단 및 시범단으로 세계 순방을 다녀와서

오현

국기원 5단 · 코이카협력요원 · 대전시 태권도 주니어 시범단 감독

2003년 필리핀 벌라니 아동 상회 복지 기관에 세계청년 봉사단(COPION)의 태권도 사범으로 국제태권도아카데미에서 파견되었다. 필리핀 벌라니 기관은 대한민국을 비롯하여 각국의 NGO(비정

부 기구)와 MOU를 맺고 자원봉사자들이 파견되어 운영하는 국제 구호단체이다. 기관 환경은 너무 열악하지만 6개월간 태권도를 열심히 지도했고, 진천세계화랑태권도 대회에 2명의 여자 선수가 출전하여 품새 부문에서 당당히 금메달을 차지하였다.

태권도를 통한 첫 국제사회 봉사가 시작되었고, 이후 2004년 충청대 스포츠 외교학과에 입학하여 본격적인 국제 태권도 사범으로 소양을 쌓아 갔다. 당시 충청대 스포츠 외교학과는 돋보이는 실력파들이 모여들었고, 이들이 주축이 돼 해외 순방 시범을 많이 다녀 명성이 대단했다. 매년 시범단은 북미 및 유럽, 아프리카와 중동까지 해외 10개국 이상의 순회시범을 다녔다. 거의 모든 기수가 시범단 활동에 참여하여 어림잡아 10년간 60여 개국 이상의 해외 순방 시범을 실시했다. 실로 대단한 기록이라고 할 수 있다.

졸업한 지 20년 가까운 시간이 지났지만 아직도 그때의 시간들이 생생히 기억난다. 두 눈을 감으면 꿈처럼 당시의 환호성이 들려온다. 내 스스로의 힘으로 가기도 어려웠겠지만 어렵게 갔다 해도 당시처럼 뜨거운 환호를 받으며 국빈대접은 받지 못할 것이다. 어느 한 나라도 평범하지 않았다. 첫 해외순방 시범은 예멘과 리비아, 이집트, 튀니지, 두바이 순회 시범이었다. 당시 예멘과 리비아는 일반 여행객 관객이 통제되고 있었지만 그런 상황 속에서 오로지 태권도 시범단만 초청을 받았다는 것은 지금 생각해봐도 참으로 신기하고 놀라운 일이다.

도시 분위기 자체도 통제되어 있고, 경비도 삼엄하며, 예멘의 경우에는 전쟁의 흔적이 곳곳에 남아있어 안타까웠다. 여기에도 태권도가 알려져 있다는 것이 신기할 따름이었다. 우리의 태권도 시범을 보며 너무 행복해 하는 그들을 바라보면서 큰 자긍심을 가졌다. 우리가 충청대 시범단이라는 것이 정말 자랑스러웠다. 또한 예멘과 리비아를 벗어나 고대 문명의 발상지이지만 한국인들에게는 미지의 세계인 이집트를 방문했을 때의 감격은 이루 말할 수 없이 뜨거웠다. 지금은 완전히 역사 속으로 사라진 아테네와 스파르타의 유적지를 직접 눈으로 보았던 경험도 잊지 못할 추억이다. 특히 튀니지에서의 시범이 기억난다.

두 번째 해외 순방 시범은 인도와 부탄, 이란과 카타르가 대상이었다. 내 기억 속에 가장 힘들었던 해외 태권도 시범으로 기억되는 인도 순회시범은 지금 생각하면 웃음이 난다. 단원들 대부분이 장염에 걸리고, 더위와 오랜 이동에 지쳐서 녹초가 되었다. 하지만 정신력으로 똘똘 뭉쳐서 이겨냈다. 준비해간 얼마 되지 않는 고추장을 나눠 먹으며 동기애와 우정을 나누었던 시간은 잊을 수 없는 추억으로 남아있다. 그렇게 힘들었던 인도 순회시범을 뒤로하고 도착한 부탄의 히말라야에서 목격한 풍경은 얼마나 경이롭던지, 아마 죽을 때까지 잊을 수 없을 것이다.

특히 부탄은 매년 외국인 통제를 일정 인원으로 통제하고 있을 정도로 자국민 보호와 자국의 자연보호를 중요시 한다. 그런 나라에서 국빈대접을 받으며 태권도 시범을 할 수 있다는 것에 더없이 행복하여 꿈을 꾸는 것 같았다. 부탄은 작은 왕국으로 이루어져 있는데 공주가 일반 학생들과 함께 농구를 즐기고, 국왕도 국민들에게 스스럼없이 다가가는 모습이 감동이었다. 부탄 자체가 산으로 둘러싸여 있어 고도가 높아서 시범은 쉽지 않았으나 셀 수 없을 만큼의 많은 관중을 실망시킬 수 없기에 다 같이 정신력으로 무장하고 성공적인 태권도 시범을 보였다.

중국, 일본, 캐나다, 예멘, 리비아, 튀니지, 이집트, 두바이, 이란, 인도, 부탄, 카타르, 대만까지… 2년간 충청대 스포츠 외교과의 시범단으로서 방문한 나라들이다. 나뿐만 아니라 나의 선배들, 나의 후배들이 전 세계를 무대로 태권도 시범을 선보였고, 이는 기록으로 남아있다. 이후에도 나는 태권도와 함께 살고 있다. 라오스에서 2년간 코이카를 통해 태권도를 가르치고 '고려 태권도관'(도장)을 정부 ODA지원사업 1억 원을 받아 세웠다. 이후 한국에서 제자들을 양성해 오현태권도 2대 관장으로 대전시주니어태권도시범단 감독을 겸하고 있다. 우즈베키스탄, 괌 등에 시범단을 파견하여 태권도를 알렸다. 일본 중국 등 동아시아를 중심으로 해외시범을 통해 민간외교 차원에서 국위를 선양하는데 계속해서 힘을 보태고자 한다.

그동안 태권도를 통해 봉사도 많이 했고, 시범단 활동도 참여했고, 국제협력요원 활동도 하였다. 정부는 나에게 큰 용기를 주었다. 노무현 대통령으로부터 2002년 '대한민국 우수 인재상'중 '제5회 21세기 우수 인재상'을 수상했다. 이때 국민배우 문근영 등을 비롯해 각 분야별 젊은 인재들과 함께 상장과 대통령 메달을 받았다. 그때 받은 상금으로 고향 오박사마을에 느티나무를 심었는데 지금은 아름드리나무가 되었다. 그 느티나무가 고향 어르신들의 쉼터가 되고 있으니 태권도 사범으로 더 큰 보람으로 남는다.

나의 청춘을 바친 세계태권도문화축제

1998년 충청대학 교수로 부임한 이후 국기인 태권도를 중심으로 한 스포츠 교류를 통한 민간외교를 실현하고자 스포츠외교학과를 신설하고 '세계태권도문화축제'를 만들었다. 내가 직접 10년간 축제의 사무총장을 맡아 모든 진행을 총괄 진행하였다. 창설 과정에서 힘들고 어려운 일이 산적해 있었지만, 태권도 종주국으로서 위상을 높이는 일이라면 어떤 어려움도 감내할 준비가 되어 있었다. 물론 정종택 학장, 오경호 이사장의 적극적인 후원과 동료 교수들의 헌신적 도움을 잊을 수 없다. 충청대학 스포츠외교과는 스포츠, 특히 태권도를 통한 민간 외교관(국제사범)을 집중적으로 양성한다는 목표를 가지고 시작되었다. 당시 국제올림픽위원회(IOC) 부위원장 겸 세계태권도연맹총재, 김운용 대한체육회장을 명예교수로 모시고 야심차게 출발하였다. 충청대학교 법인처장 직함을 맡고 있던 나는 스포츠외교과의 창설자로 세계태권도문화축제를 통해 학과의 역량을 국제적으로 키워나갈 발판으로 삼고자 했다.

우선 축제를 활성화하기 위해 정부 주무 부처인 체육부의 공식 후원을 받는데 송동근 박사(당시 국제체육과장)가 큰 도움을 주었다. 세계태권도연맹(WTF)으로부터 코리아오픈 대회로 공식 승인을 받는 데는 김철오 사무처장이 앞장서 도와주었다. 당시 도움을 주었던 이승완, 송봉섭, 박현섭 관장과 정만순 충북협회장 등 많은 분들에 대한 고마움을 현재까지 변함없이 간직하고 있다. 이전까지 태권도는 국내외 행사가 대부분 겨루기 중심의 시합으로 운영됐지만, 이것을 태권도 축제로 승화시키자는 생각을 가졌다. 그래서 품새와 격파, 호신술 등 일반인들이 관심을 가질 만한 다양한 장르를 축제의 핵심으로 삼아 폭발적 인기를 끌어낼 수 있었다. 때마침 축제가 시작된 2001년은 정부 지정 '한국방문의 해'였고, 정부는 이천 도자기, 전주 음식과 소리, 대구 섬유, 부산 영화, 제주 섬 문화축제 등과 더불어 청주의 세계태권도축제를 전국 8대 메이저 축제로 지정해 집중적으로 지원해 주었다.

축제는 아주 성대하게 치러졌다. 개막식에는 북춤과 사물놀이, 태권도에어로빅 시범 등이 다채롭게 진행되었고, 행사 기간 중

▲ 청주실내체육관에서 열린 제10회 세계태권도문화축제 개막식 장면. 초대부터 10회까지 대회의 사무총장직을 맡았다. 1998년 첫 대회를 시작으로 세계태권도문화축제는 세계인이 함께 즐기는 종합축제로 성장했다.

▲ 김대중 대통령은 대한민국 헌정사상 최초로 지방대학 졸업식장을 찾아 졸업생들을 격려해 주셨다. 충청대학은 세계태권도문화축제를 통해 전국은 물론 세계에 이름을 알렸다. (오른쪽) 세계태권도문화축제에 맞춰 김대중 대통령이 보내온 격려문으로 대통령 친필이 적혀 있다.

중주국 순례, 세계청소년 태권도대회, 태권도 교실, 태권도용품 박람회, 한국전통무술대회, 길놀이, 태평기원무 등이 끊이지 않고 이어졌다. 시민과 함께 하는 행사로는 청주와 충주, 진천, 보은 등 충북 일원에서 주로 이루어졌지만, 서울에서도 일부 행사가 진행되었다. 태권도란 주제를 가지고 다양한 행사를 접목해 문화축제로 승화시켰다는 점에서 전국의 지자체와 대학 등이 이 축제를 눈여겨 살펴보았고, 해외에서도 집중 벤치마킹하는 대상이었다.

세계태권도문화축제가 성공하며 세계의 이목을 받고, 태권도를 세계에 알리는 이벤트로 자리를 잡자 이를 격려하기 위해 충청대학의 졸업식에 김대중 대통령이 참석하셨다. 현직 대통령이 지방대학, 그것도 2년제 대학 졸업식에 참석한 것은 건국 이래 처음 있는 일로 태권도세계축제의 위상을 실감하게 했다. 겨루기를 벗어나 누구나 즐길 수 있는 다양한 볼거리를 제공하자는 당초 취지가 반영돼 이 축제는 성공할 수 있었다. 60여 개국에서 3000여 명의 인원이 이 축제를 위해 한국을 찾았다. 의정부에 있던 미군 2사단 장병 태권도시범단 300여 명이 사단장과 함께 김문옥 단장의 지도로 개막식 축하 공연을 펼쳐 주목받기도 했다.

세계태권도문화축제는 충청대학을 세계에 알리고 국내 최고의 특화된 전문대학으로 인식시키는 데 결정적으로 이바지하였다. 언어 관련 전공 학생들을 통역 도우미로 활용하는 한편 식품 관련, 관광 관련, 경호 관련 학과 등에 각기 역할을 맡겨 적극 축제에 참여하도록 유도하였다. 축제를 통해 학교의 위상이 급상승하는 것을 지켜보고 전국의 전문대학, 지방대학들도 학교를 특화하고 세계화하는 것이 가능하다는 자신감을 얻게 되었다. 그래서 충청대학 주도의 세계태권도문화축제는 한국 대학 사상 신기원을 이룬 사례로 지금도 회자되고 있다. 1998년 첫 대회를 청주 외곽 군단위 소재지에 있는 대학에서 치르면서 김봉환, 임연우, 박문식, 조현도, 한복동, 임동범 등 동료 태권도인들과 태권도신문 서성원 기자 등이 많은 일을 도와주었다.

미국 이준구·이무용·이운세·윤준철, 멕시코 문대원, 프랑스 김용호, 스페인 김영기, 필리핀 홍성천, 대만 김사옥, 브라질 김요준, 캐나다 정영수, 일본 히구찌에츠오·허명신, 호주 서천석, 중국 자오레이, 홍콩 문명곤, 우종필, 인도네시아 오일남, 버마 전웅환 등 세계 각국에서 활약하던 한인 태권도 사범님들의 참여와 격려에 대한 고마움을 잊을 수가 없다. 그 덕에 전문대학이던 충청대학에는 4년제 대학에 진학할 이상의 실력을 갖춘 학생들이

▲ 미국 태권도의 대부 이준구 회장이 세계태권도문화축제 참가를 위해 방한했다가 충청대학을 방문해 오경호 이사장과 축제 활성화와 태권도 세계화를 주제로 담소를 나누었다.

몰려들기 시작했다. 스포츠외교학과의 경우 4단 이상 유단자만 선발 기준으로 했음에도 7대1이 넘는 경쟁률을 보이기도 했다. 나는 지방자치에 관심이 많았다. 과거 공직 경험도 있고 하여 민선 5기 대전 대덕구청장에 출마를 결심하고 내가 학교를 떠난 이후 이 축제가 점차 위축된 것은 지금도 큰 아픔이자 아쉬움이다.

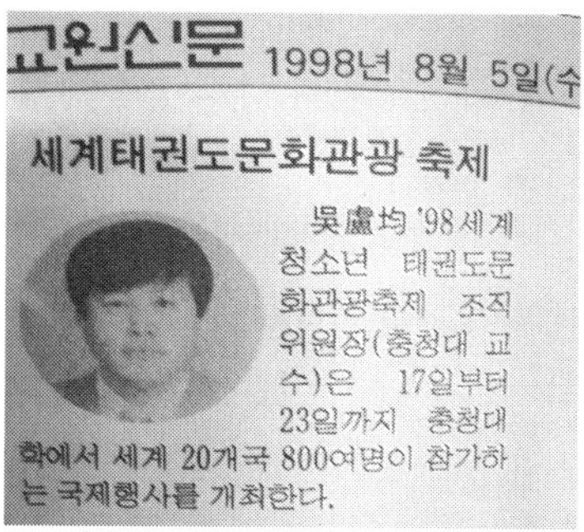
교원신문 1998년 8월 5일(수

세계태권도문화관광 축제

吳盧均 '98세계 청소년 태권도문화관광축제 조직위원장(충청대 교수)은 17일부터 23일까지 충청대학에서 세계 20개국 800여명이 참가하는 국제행사를 개최한다.

▶ 세계태권도문화축제 개막을 앞둔 무렵 교원신문에 행사 관련 안내 동정 기사가 실렸다.

▶ 나경원(스페셜올림픽코리아 명예회장) 국회의원이 국회태권도장에서 태권도 품새를 수련하고 있다.

▶ 국민적 스타로 알려진 장경동 목사를 만나 태권도가 대한민국의 대표적 문화상징이라는 점에 대해 이야기를 나누고 기념활영을 하였다.

원 없이 일했던 6대와 7대 대전광역시 태권도협회장

태권도 종주국의 태권도인으로 자긍심과 명예를 잊지 않고 태권도 진흥을 위해 헌신하고자 6대와 7대에 걸쳐 대전시태권도협회장을 맡았다. 이때 나를 도운 김선공 전무이사의 수고가 아주 컸다. 김 전무는 청년기 때부터 나와는 호형호제하는 관계로 아프리카 브르키나파소와 말레이시아 태권도 국제사범을 역임하였다. 프랑스어와 영어에도 능통하고 충남대학교에서 박사학위도 받은 인재 중의 인재로 우리나라 태권도 발전에 크게 한몫을 할 것이다. 나는 홍준표 대한태권도협회장과 함께 대한태권도협회 이사, 국기원 남북교류위원장 등의 역할을 맡으며 태권도 발전을 위해 헌신하였다. 이러한 경력과 열정을 알고 있는 대전지역 태권도인들은 나를 대전시태권도협회장으로 선출하였다. 태권도인들이 내게 회장직을 맡긴 것은 그만큼 대전지역 태권도 발전을 위해 내게 주문하는 일이 많다는 것이었다. 나는 그것을 누구보다 잘 알고 있었다. 그래서 혁신·소통의 마인드로 협회를 이끌었다.

재임 중 가장 역점을 두어 추진했던 일은 '범시민태권도진흥협의회'를 구성한 일이다. 협의회가 중심이 돼 대전시교육청과 '청소년지킴이운동'을 전개하였고, 대전MBC방송과 '태권도대회'(축제)를 개최하였다. 또 대전시 지원 사업으로 '태권도시범단'을 창단하는 등 태권도 활성화 사업을 펼쳐나갔다. 대전에서 태권도를 최초로 지방정부의 브랜드 종목으로 만들겠다는 목표를 세우고 이를 추진해 나갔다. 이러한 목표의 실현을 위해 △300여 개 도장과 1000여 명의 지도자의 단합 △엘리트 태권도선수의 산실 초 · 중 · 고 · 대학교의 태권도부 및 실업팀 창단 △150만 명 대전시민이 함께 하는 '범시민태권도진흥협의회'를 결성 등을 추진하였다. 대전시태권도협회가 이 모든 활동의 컨트롤타워 역할을 맡았다.

300여 개 태권도장과 1000여 명의 지도자가 주인공이 되는 태권도 진흥이 먼저 시작되었다. 300여 개의 태권도장이 직접 모델이 되어 CMB대전방송 TV에 매일 18차례 1주일 단위로 태권도장

▲ 대전시장애인태권도협회장으로 재임 때 육군 보병 32사단을 방문해 황인무 사단장과 환담하고 기념촬영사진을 남겼다.

▲ 대전시태권도협회장 재임 중 김운용 전 IOC 부위원장을 오박사마을 인성학교(대전시태권도연수원)로 초청해 특강을 듣고 협회 임원들과 함께 기념촬영을 하였다.

순회광고를 진행하는 프로젝트가 진행되었다. 이 광고 프로젝트는 기대 이상의 성과를 거두었다. 이때 구호가 '대전의 힘! 태권도'이다. 이때 인연으로 CMB대전방송 시청자 위원이 되었고, 지금은 CMB세종방송 시청자 위원장으로 참여하고 있다. 엘리트체육 육성에도 역량을 집중해 난제인 실업팀 창단을 성사시켰다. 2009년 2월 12일 유성구청에 역사적 실업 태권도팀이 창단되었다. 1차적 목표는 90회 전국체육대회에서 종합 3위에 오르는 것이었다. 실업팀이 창단되자 대학교, 고교, 중학교, 초등학교에 각 팀과 선수를 보충하여 피라미드식 구조를 갖출 수 있었다. 이러한 팀 구조를 구축하는데 당시 김신호 대전시교육감, 진동규 유성구청장이 큰 역할을 담당해 주셨다. 김 교육감은 대전시태권도협회 '명예회장'을 맡아 주셨다.

'범시민태권도진흥협의회' 위원장으로 당시 대전시 정무부시장이던 양홍규 변호사를 위촉하였다. 협의회는 대전월드컵경기장에서 시민과 태권도인 3만여 명이 참가한 가운데 '대전태권도협회의 날'을 선포하고 본격적으로 범시민태권도보급운동을 시작했다. 체육인은 물론 모든 시민이 화들짝 놀란 역사적 사건이었다. 협의회의 활동이 주축이 돼 △대전광역시태권도협의회관 설립을 통한 태권도인의 전당 마련 △'대전학생안전지원단' 설립을 통한 학교폭력 및 집단따돌림 등의 병폐 추방 △태권도국제페스티벌 개최를 통한 대전을 태권도 중심도시 만들기 등의 계획도 마련하였다. 특히 대전광역시민을 정신과 육체적으로 건강하게 만들겠다는 목표를 세웠다. 양옹규 부시장에게는 그 고마움을 간직하고 있다가 지난 7월 5일 보은 속리산에서 창립한 국제무예올림피아드 창립총회에서 국기원 4단의 명예 단증을 수여했다.

2013년 무주에 '국립 무주태권도공원'이 완공되었다. 대전은 무주에 1시간이면 다다를 수 있어 접근성이 가장 좋은 대도시이다. 그 이점을 살려 외국의 태권도 수련생이 대전에서 관광할 수 있도록 스포츠 관광 브랜드 도시로 만들어 가야 할 것이란 구상을 하였다. 그래서 협회 차원에서 하나하나 준비를 하였다. 그중 하나가 전국 최초로 '상설태권도시범단'을 창단했고, 태권도법제정에 앞장선 국회법사위 간사인 이상민 국회의원을 명예단장으로 위촉했다. 대전시가 주최하고 태권도협회가 주관하는 공연으로 시에서 권형래 시의원의 도움으로 6000만 원의 예산을 매년 지원받고 계층별 7개 팀으로 구성된 시범단이 매주 토요일 번화가인 으능정이 문화의 거리에서 시민과 국내외 관광객들 앞에서 시범을 펼칠 수 있도록 한 것이다.

▲ 대전시태권도협회장으로 재임할 당시 지역 관광 활성화를 위해 전국 최초로 지자체 지원금을 받아 태권도 시범단을 운영하면서 수시로 시민들 앞에서 태권도를 시연해 보였다.

▲ 국제올림픽위원회(IOC) 부위원장을 역임한 김운용 박사의 기념사업회를 만들자 기본계획을 수립했으며, 국제교류 행사를 하기 위해 국제태권도아카데미를 설치했다.

이와 연계하여 중국의 공원에서 전 인민들이 아침이면 태극권을 수련하는 것을 보고 착안한 '시민 건강태권도 보급'으로 매일 13시경 대전시청 네트워크 TV를 통해 '생활 태권무'를 공무원들에게 보급했다. 태권도 프로그램만 약간 보완하면 얼마든지 시민들로부터 참여와 사랑을 받을 수 있다는 것이 나의 '태권도 시민론'이다. 그래서 '태권도'를 통해 시민들의 삶의 질을 높여 나가야 한다는 소신을 분명히 하였다. 이러한 마스터플랜은 독특한 태권도 현장 경험에서 시작되었다. 태권도를 주제로 박사학위 논문을 썼고, 태권도를 지도하는 사범 출신으로, 태권도협회장, 새마을회장 등 시민사회 단체장까지 경험한 행정 이력 등은 이러한 마스터플랜을 구상할 수 있게 하였다. 또한 여성, 노인, 장애인을 위한 특성화된 태권도 진흥 방안을 제시했으며 사회복지시설인 행복마을(이사장 윤경열)에 태권도를 보급했다.

학문적 관점에서 태권도를 바라보는 시각

평생을 태권도 지도자로 살아온 나는 국제태권도아카데미(현 국제무예올림피아드)를 설립하여 태권도 사범의 역량강화를 위한 지도자 양성을 활발하게 벌였다. 더불어 스포츠외교 및 국내 관련 학문 발전에도 관심을 두고 집중하였다. 바쁜 일정 속에서도 저술 활동과 더불어 논문 작성, 칼럼 집필, 관련 학회 활동을 통해 태권도를 전공한 교수 학자로서의 길에 정진하였다. 논문은 학위논문인 '공무원들의 여가활동 실태 및 가치관에 관한 연구'(석사 논문)와 '태권도 수련프로그램이 연령 계층별 신체 구성 및 체력에 미치는 효과'(박사 논문)를 비롯해 학술지 논문인 '사회체육 활동을 통한 태권도장 경영의 합리화 방안' 등 모두 60여 편을 발표하였다. 각종 일간지와 태권도전문지 등에 쓴 250편의 칼럼도 태권도의 대중화를 위한 나의 정성이었다.

박사논문인 '태권도 수련프로그램이 연령 계층별 신체 구성 및 체력에 미치는 효과'는 남녀노소를 총망라하여 과학적으로 태권도수련프로그램을 분석하였다. 박사 논문은 고려대학교에서 우수논문상을 받기도 했다. 특히 고려대학교 역사상 첫 체육학박사 학위라는 의미가 매우 크다. 이전에는 이학박사 학위를 받았으나, 대한민국의 명문 고려대학교에서 체육학박사 1호의 주인공이 내가 되었다는 사실에 큰 자부심을 갖고 있다. 주위에서도 진심 어린 축하를 해주었다. 논문 작성을 위해 임연우, 황승호, 정시래 사범 등이 수고가 많았다.

박사학위 논문 '감사의 글'에 논문을 작성하며 겪은 고초를 고스란히 담아내었다. "처음에 연구과제를 설계하고, 통계군과 실험군을 설정하는 과정에서부터 얼마나 어려움이 있었는지 모릅니다. 특히 성인과 노인남녀의 태권도 실험군을 설정하고 16주 트레이닝을 시키고 1회 2시간 이상이 소요되는 신체 구성 및 체력측정을 한 실험 기간 6개월은 동토를 녹이는 고난의 길이었습니다." 이 글에 나타났듯이 박사학위 논문은 태권도 사랑 없이는 탄생할 수 없는 논문이었다. 이 논문을 쓰기까지 연인원 수백여 명이 직 · 간접적으로 참여했고 박사급 연구보조원 만도 6명이 연구 활동을 도왔으며 3년여 연구 기간 소요된 비용도 적지 않았다. 피와 눈물과 땀이 뒤엉켜 일구어낸 성과라고 감히 표현하고 싶다.

개인 저서는 『스포츠외교론』, 『오노균의 행복 에너지』등 10여 권을 세상에 내놓았다. 이 저서들 가운데 일반 국민에게 널리 알려진 저서가 『오 박사와 함께 하는 운동 합시다』이다. 지난 2005년 10월 25일 KBS 라디오에서 '여기는 라디오 충주, 운동합시다' 프로그램이 개설되고 첫 전파를 탈 때부터 생방송 객원캐스터로 출연해 운동 생활화를 권장했다. 이 저서는 당시 원고를 모아 발간한 책이다. 이 책을 쓰게 된 동기에 관해 책의 머리말에서 "현대인들은 운동 부족으로 불치의 만성 퇴행성 질환을 자초하고 있으니 매우 안타까운 현실이다. 국가는 사람들의 비만 증가를 경고하는 한편 적당한 운동의 생활화를 적극적으로 권장하고 있다. 따라서 우리는 건강을 위해 1인 1종목 참여를 원칙으로 하여 '시민 1인 1 스포츠 갖기' 및 '스포츠 7330운동'(일주일에 세 번 이상, 하루 30분 이상 운동) 정착 등으로 건강한 삶의 질 향상을 도모해야겠다"라고 밝혔다.

외국 출장, 국내 · 외 크고 작은 행사, 학교 수업 등으로 방송원고 마감 시간을 맞추느라 허둥댄 적이 한두 번이 아니었다. 그러

▶ 신문을 비롯해 TV와 라디오 등 각종 대중매체를 통해 태권도를 홍보하는데 누구보다 앞장섰다. 충주 KBS 라디오 고정 프로그램에 출연해 운동의 중요성을 역설했던 자료를 모아 출간한 『오노균의 행복에너지』는 큰 인기를 누렸다.

나 한 번도 시청자들과의 약속을 어긴 적이 없이 성실함을 보였다. 방송을 통해 국민에게 전달한 메시지는 간단했다. "운동을 꾸준히 하면 운동에 재미를 붙여 지속하게 되지만, 처음으로 운동을 시작하는 사람들을 100일 정도의 기초체력을 다져야 비로소 운동의 맛을 느끼게 된다. 어떤 사람은 100일 운동을 못 참아 영원히 운동하지 못하고 중 · 노년기에 운동 부족증을 호소하는 사람이 있어 안타깝다" 이 같은 메시지를 기반으로 운동의 필요성을 강조한 라디오 방송은 운동 부족의 현대인들에게 자극이 되는 유용한 코너였다는 칭찬을 받기도 했다. 이후에도 2019년 9월부터 KBS제1라디오 92.1MHz '충청은 지금' 생방송에 현재까지 객원 캐스터로 활동하고 있다. 매주 금요일 오후 '희망농촌'의 방송을 통해 농촌의 풍요와 미래를 응원하고 있다. 수년간을 함께 수고하고 있는 김연희 작가와 제작진에게 감사를 드린다.

학회 활동도 적극적으로 참여해 한국레저스포츠학회장, 남북태권도연구소장 등으로 스포츠 관련 연구 활동을 이끌었다. 특히 한국레저스포츠학회는 창립멤버로서 2000년부터 4년간 회장을 맡기도 했다. 이곳 학회에 '공무원들의 여가활동 실태 및 가치관에 관한 연구'를 발표해 공무원들에게 자전거 타기를 권장하여 현재 전국적으로 추진하고 있는 자전거 타기 운동과 레저문화의 저변 확대에 적잖게 이바지했다. 2002년 5월 29일부터 6월 1일까지 평양 태권도전당에서 '남북태권도협력회의'를 주관했다. 국제태권도연맹 최홍희 총재의 추천과 조선태권도위원회의 초청으로 평양을 방문했다. 분단 사상 첫 남북태권도교류 사업이다. 이때 남북협력회의 참석자들을 초청한 공식적 인물은 '조선태권도위원회' 황봉영 위원장이었다. 나는 남측 대표를 맡았다. 이를 통해 평화증진과 남북 태권도 사상 첫 민간교류라는 이름을 남겼다. 남북 협력 회의를 통해 '태권도는 평화다'라는 철학을 공유하게 되었으며 이를 지속 발전시켜 나가기 위하여 비정부기구로 북한도 회원국으로 참가하는 동아시아태권도연맹(EATU)을 창설

▲ 2002년 5월 29일부터 6월 4일까지 남북체육교류가 이루어진 가운데 평양 청춘거리에 위치한 태권도전당 홍보물을 사진에 담아왔다.

했다. 동아시아태권도연맹은 경기 중심이 아닌 태권도장 간, 사범 간, 수련생 간 교류협력을 증진하는 동아시안 태권도 공동체 협력기구로 이명수 국회의원이 총재를 성열우 사범이 사무국장을 맡아 괌, 중국, 홍콩, 일본 8개국 등이 참가하고 있다.

봉사활동에도 뒷짐은 지지 않는다

봉사단체 활동에 참여한 이력은 한국대학 태권도 교수협의회장을 비롯하여 다양하다. 봉사단체 가운데 '한·중·일 태권도문화교류협회'는 3국 사범들이나 태권도 수련생들을 주로 초청, 태권도 시범을 통해 문화교류를 활발하게 한 덕에 지금도 중국 측 대표인 귀주성 려군 교수와 일본 측 구마모토현 히구치 에츠오 회장과는 수십년간 끈끈한 인연을 이어오고 있다. '국제태권도아카데미'는 2001년 정부가 주관한 '한국방문의 해' 충청권 대표축제의 사무총장을 맡았던 인연으로 설립하였다. 매년 7월 충청대학에 모여 회원국 상호 간 친목을 도모도 하고 수련도 함께 하며 기량도 뽐내고, 회원 세미나도 개최하는 등 세계태권도문화축제의 연계 지원단체로 지금은 사단법인 국제무예 올림피아드 부설 '태권도문화원'이 이어 받았다.

▶ (왼쪽) 태권도시범단을 이끌고 괌을 방문했을 때 괌 의회의 초청을 받아 청사 앞에서 기념촬영을 하였다. (오른쪽) 미국령 괌 주지사로부터 수여받은 감사장.

세계태권도문화축제는 40여 개 국가의 태권도장으로 네트워크화되어 있으며 2010년까지 축제가 개최되었다. 이들은 제자들과 가족, 동호인까지 동반하여 태권도 종주국을 방문했으며 혹자는 이 축제가 국기원의 '태권도 한마당' 보다 더 활성화됐다는 평가를 하기도 했다. 내가 10회까지 축제를 성공적으로 개최한 이후 선출직 공직자인 "민선구청장" 출마를 위해 충청대학을 떠나온 후 이 축제가 폐지되어 아쉬움이 남는다. 이후 대전광역시 새마을 회장으로 지역사회와 함께 공동체 복원활동에 열정적으로 앞장섰으며 지금도 대전사랑시민협의회 인사로 한재득 회장 등과 함께 보람을 나누고 여기에서 범시민태권도운동 참여를 홍보하고 있

▲ (위)(아래) 일본 구마모토현에서 열린 후쿠오카총영사배 태권도 국제오픈대회에 참가해 각국 선수단과 기념촬영을 하였다. 일본 구마모토현에서 열린 후쿠오카총영사배 태권도 국제오픈대회에 참가해 각국 선수단과 기념촬영을 하였다.

다. 다시 이 축제를 계승하기 위해 뜻을 함께하는 무도인들이 국제무예 올림피아드(IMAO)를 사단법인으로 창설하여 평화의 섬 괌에서 2018년 첫 대회를 시작으로 그 불씨를 살려내고 있다. 2차 대회로 2019년 10월 보은 유네스코 도시에서 16개국 초청 국제무예 올림피아드를 품새, 격파, 호신술 등을 중심으로 개최하였다. 3차 대회는 '2020 대전방문의 해' 축제로 준비되고 있다.

태권도로 남북이 하나 되는 세상

태권도에 관심이 있는 한국인이라면 알겠지만 남(WTF)과 북(ITF)이 갈라져 있다. 모든 태권도인은 이 점을 몹시 아쉬워하고 있고 언젠가는 남북의 태권도가 하나가 돼야 한다고 생각 하고 있다. 나 역시 같은 생각을 하고 있다. 냉전시대가 한창이던 때 미국과 중국이 화해의 물꼬를 튼 것은 탁구였다. 그래서 세계사는 당시의 상황을 핑퐁외교라고 말한다. 기기서 힌트를 얻었다. 남북이 하나 되어 한 종목의 스포츠를 통해 교류할 방안을 찾는다면 태권도가 선봉에 서야 한다고 생각했다. 그래서 과감하게 북과의 접촉을 시도했다. 스포츠외교를 전공하는 교수로 누구보다 앞장서 북한에 손을 내밀어야 한다고 생각하였다. 그래서 내가 먼저 북측 인사와 접촉할 기회를 만들었고, 원하는 대로 남북의 태권도 교류가 시작되었다.

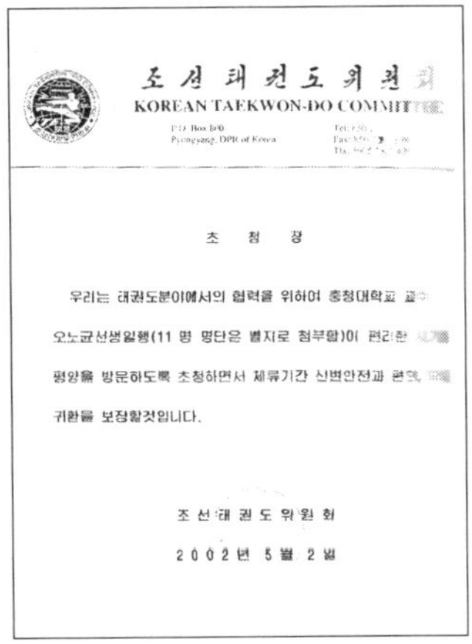

조선태권도위원회
KOREAN TAEKWON-DO COMMITTEE

초 청 장

우리는 태권도분야에서의 협력을 위하여 충청대학교 교수 오노균선생일행(11 명 명단은 별지로 첨부함)이 편리한 시기에 평양을 방문하도록 초청하면서 체류기간 신변안전과 편의, 무사귀환을 보장할것입니다.

조선태권도위원회

2002년 5월 2일

▲ (왼쪽) 2002년 남북태권도 교류를 위해 북한 평양을 방문했을 때 아리랑 예술공연 홍보물을 사진에 담아왔다. (오른쪽) 조선태권도위원회로부터 날아온 초청장. 신변안전과 편의 무사귀환을 약속하는 내용을 담고 있다.

2000년 8월 25일 중국 연변에서 남북태권도축제가 열렸다. 북측에서는 '평양조선태권도시범단'이 참석했다. 연변대학과 공동 주최로 열린 남북태권도축제는 태권도 시범과 함께 백두산천지 합동수련도 했다. 남북의 선수들을 합동 지도하는 프로그램도 이어졌다. 연변 시내에 있는 북한식당에서 피로연이 벌어졌고, 남북의 태권도인이 민족의 명산 백두산을 함께 등산하는 등 평화통일 염원 첫 남북태권도 교류 행사라는 큰 의미와 함께 지금 생각해도 잔잔한 감동을 주고 있다

이 행사를 계기로 나는 2002년 5월 평양 태권도 명예의 전당을 방문하게 되었고, 북측에 김일성대학에서 스포츠외교를 주제

▲ (왼쪽) 2000년 남북 태권도교류를 위해 연변에서 태권도축제를 개최한 후 남북 참가자들이 백두산을 등반하고 감격의 순간을 카메라에 담았다. (오른쪽) 중국 연변에서 역사상 첫 남북태권도 교류행사를 가진 후 남북의 참가자들이 백두산을 등정하는 뜻 깊은 행사를 가졌다. 사진은 백두산 장백폭포 앞에서 내가 남북의 선수들을 합동으로 태극품새를 지도하는 모습.

▲ (왼쪽) 남북태권도 교류에 앞서 2000년 중국 연변에서 국제태권도연맹(ITF) 최홍희 총재와 만나 환담하고 기념촬영을 하였다. (오른쪽) 2002년 평양을 방문했을 때 IOC위원인 북한의 장웅 조선체육지도위원회 제1부위원장을 만나 태권도와 체육인의 남북관계 역할 등을 주제로 간담회를 가졌다.

로 특강을 하고 싶다고 제언했다. 하지만 이 특강은 북한 당국이 승인하지 않아 끝내 성사되지 못했다. 하지만 2003년 북한의 태권도시범단이 남한을 방문한 것을 시작으로 우리가 북측을 답방하는 등 교류는 이어졌다. 6·15남북공동선언을 기념하는 사업으로 남측의 오노균과 북측의 체육영웅 한필화가 체육 교류협력회의 대표로 금강산에서 만났다. 역시 예상했던 대로 태권도를 통한 남북의 교류는 진척 속도가 빨랐고, 어느 종목보다 탁월한 교감이 이루어졌으며 남북태권도 공동시범의 단초가 되었다. 남과 북은 태권도를 통해 교류협력을 강화해 나가야 한다는 점을 서로 각인하고 뜻깊은 동포애의 시간을 가졌다. 고인이 되신 최홍희 국제태권도연맹총재와 연변대학교 이천식 교수의 고마움을 잊을 수 없다. 또한 단국대학 정찬모 교수, 용인대학 진중의 교수, 경문대학 이승훈 교수와 당시 중앙대학 안민석 교수(현 국회의원) 등 남북태권도교류와 연구에 동참해주신 모든 분들께 감사를 드린다.

태권도는 세계화의 첨병

1998년부터 충청대학 스포츠외교과에서 민간 외교관을 배출한다는 신념으로 제자 양성에 박차를 가했다. 학생들도 그런 나의 마음을 잘 헤아려 지도하는 대로 잘 따라주었다. 태권도는 일반적인 한국인이 생각하는 것보다 훨씬 더 세계무대에 알려져 있다. 한국을 세계화하는데 태권도의 역할은 무엇보다 크다고 할 수 있다. 가장 한국적인 문화가 태권도라는 사실을 부정할 사람은 없다. 충청대학의 스포츠외교학과는 바로 이런 인식에서 출범하였다. 그래서 스포츠외교학과는 출범한 지 불과 몇년 만에 충청대학의 간판학과가 되었다. 나아가 국제적으로 인정받는 대표적 학과로 성장하였다.

▲ (위) 괌 독립기념 행사에 참가해 태권도를 선보인 시범단은 어디를 가든 열렬한 환영을 받으며 인기를 누렸다. (가운데) 괌 독립기념 행사에 참가한 태권도 시범단이 세계 각국에서 찾아온 관광객들 앞에서 태권도를 선보였다. (아래) 괌 대로에서 펄럭이는 태극기의 모습이 자랑스럽다. 괌 축제 거리 퍼레이드에 참가한 시범단이 대형 태극기를 펼치고 행진하는 모습이다.

▲ 우즈베키스탄 페르가나에서 개최된 제1회 페르가나 세계무술축제에서 한국팀을 우승으로 이끈 오현 감독이 축하를 받으며 기념촬영을 하였다.

▲ 충주세계무술축제에 참가해 공로상을 받고 태권도 시범단 제자들과 기념촬영을 하였다.

충청대학 스포츠외교학과 학생들로 구성된 '태권도사절단'을 구성해 세계 각국으로 태권도 시범을 다녔다. 시범단 활동을 경험하고 대학을 졸업한 제자들은 미국, 캐나다, 호주, 중국, 멕시코 등 세계 각국으로 진출해 사범으로 정착하며 태권도의 세계화에 앞장섰다. 이러한 성과를 인정한 외교부도 우리 충청대 시범단을 해외에 파견하며 한국을 홍보하는 일을 하도록 적극적으로 추천하였다. 해외 진출이 활성화되자 학교 부설로 '국제태권도아카데미'를 설립하여 세계 각국으로 유망 학생들을 보내 태권도를 보급하는 일에 박차를 가할 수 있었다. 사절단은 아르헨티나, 우즈베키스탄을 비롯해 중국 심양 교민의 날 행사, 부탄 국왕 행사, 러시아 전쟁기념일 행사, 괌 독립기념 행사, 미국의 마틴 루터킹 퍼레이드 등 세계 각국의 중요 행사에 수시로 파견돼 태권도를 통해 국위를 맘껏 선양하였다. 또한 세계무술축제에도 적극 참여했다.

태권도의 세계화를 위해 외아들인 오현을 필리핀의 세계청년봉사단 사범으로 파견하였다. 오현 사범은 라오스에 KOICA 국제협력요원(군복무 대체)으로 선발되어 시엠쾅시에서 근무했다. 이때 정부 ODA지원금을 받아 '고려태권도장'을 지어 국가대표 품새 선수를 육성했다. 오현 사범은 현지에서 잘 적응하고 태권도를 알리는 일에도 늘 열심이었다. 태권도를 통한 국제화에 일찌감치 눈 뜬 오현은 귀국 후에도 줄곧 태권도장을 운영하며 수시로 시범단을 이끌고 해외에 진출해 민간 외교관으로 역할을 충실히 했다. 이에 노무현 대통령은 21세기를 이끌 우수인재로 신정하여, 대통령 메달을 수여했다. 어린이 태권도시범단을 효율적으로 운영해 이들이 장차 대한민국을 대표할 태권도 인재로 성장할 수 있도록 적극적으로 지도하고 있다. 오현 사범은 아버지의 뒤를 이어 계속해서 태권도 세계화에 공헌할 것이라고 믿는다.

▲ '21세기를 이끌 우수인재'로 선정돼 대통령상을 받은 오현태권도장 오현 관장이 노무현 대통령의 초청으로 청와대를 방문, 시상식을 마치고 각 분야 수상자들과 함께 대통령 내외와 기념촬영을 하였다.

충청대 태권도사절단의 해외 활동

■ 1998년

· 세계태권도문화사절단 창단(손유남 외 20명)

· 문화관광부 지원 동남아(미얀마, 태국) 순회 시범

· 일본 오사카 세계민족 무술축제 시범(NHK 방영)

· 1998년 제1회 세계태권도청소년문화축제 개막식 시범

· 제13회 아시아태권도대회(베트남 호찌민) 개회식 및 폐회식 시범

■ 1999년

· 일본 동경체육대학교 및 창가대학 시범

· 1999년 제2회 세계태권도문화축제 개막식 시범

· 유럽 4개국(핀란드, 라트비아, 러시아, 독일) 시범

■ 2000년

· 유럽 3개국(프랑스, 알제리, 모로코) 순회 시범

· 일본 가라데(공수도) 선수권대회 시범

· 중국 연변 남북 최초 태권도 시범

· 2000년 제3회 세계태권도문화축제 시범

· 중국(북경, 성도, 아미산, 소림사) 시범

· 미국 LA 마틴 루터킹 퍼레이드 시범

■ 2001년

· 아프리카 3개국(가나, 토고, 모로코) 시점

· 2001년 제4회 세계태권도문화축제 개막식 시범

· 일본 동아시아경기대회 태권도 시범

■ 2002년

· Korea Week 터키행사 태권도 시범

· 중국 연변 국제학술세미나 및 태권도시범단 파견

· 전 일본 가라데(공수도) 선수권대회 시범

· 2002년 제5회 세계태권도문화축제 개막식 시범

· 러시아 야쿠추크 태권도시범단 파견

· 동유럽 및 중동 2개국(터키, 쿠웨이트) 순회 시범

■ 2003년

· 중동 3개국(이집트, 요르단, 레바논) 순회 시범

· 러시아(야쿠츠크, 하바로프스크) 시범

· 일본 도쿠시마현 나와오리 축제 시범

이후 2010년까지 세계 수십 개국을 순회하며 직접 태권도 시범을 통해 소통하고 땀 흘리며 그들과 함께했다. 각국의 협회장이나 사범들이 한국을 방문할 시 따뜻하게 함께 하였으며 태권도 종주국 사범으로 늘 겸손하게 그들을 고맙게 맞이했다. 한국의 해외파견 사범들, 외국에서 태권도협회를 이끄시는 회장단, 태권도 가족들과 유단자들 모두가 '태권도'로 한 가족이 된 것이 아닌가? 모두 오늘날의 오노균이 있게 한 감사한 분들이다. 앞으로 내가 필요한 곳이 있다면 세계 어디든 달려가 그들과 함께 태권도 발전을 위해 밀알이 되겠다고 다짐한다. 나의 스포츠 외교 멘토는 김운용 IOC부위원장, 반기문 UN사무총장, 정종택 총장, 오경호 이사장으로 큰 배움을 주신 분들이다.

태권도인들에게 드리는 비전과 약속

국기원은 태권도의 성지이다. 하지만 우리가 기대하는 만큼 성지로서의 위상이 정립되었다고 보기에는 부족함이 많다. 태권도와 더불어 국기원은 엄청난 무형의 자산임에도 불구하고 그 활용이 미미하다. 국기원의 위상을 드높여 명실상부한 세계태권도의 성지를 만드는 작업은 내부로부터 시작되어야 한다. 그 시작점은 태권도인의 화합과 서로를 아껴주는 마음이다. 그래서 원로들에 대한 예우를 강화하고 후배를 아껴주고 사랑하는 문화를 정착시켜야 한다. 모든 태권도인이 국기원을 통해서 하나가 되고, 정통성을 배양할 수 있도록 토양을 제공하는 일이 시급하다.

범국민 태권도 보급도 매진해야 할 사업이다. 그 시발점은 건강태권도와 호신술의 개발부터 착수돼야 한다. 국기원이 해야 할 일이다. 문대성 사범 등 훌륭한 국제지도자를 지금보다 더 많이

▲ (위) 대한민국 태권도의 심장 국기원을 방문할 때마다 가슴이 설레고 맥박이 거칠게 뛰는 것을 느낀다. (아래) 1970년대 육군보병2사단 태권도 교관단으로 복무하며 함께 청춘을 보낸 친구들과의 기념사진이다. 좌측부터 노용조, 윤병권, 오노균, 김형석.

▲ 올림픽 금메달의 영웅 문대성 IOC위원을 만나 기념촬영을 하였다.

▲ 스포츠외교활동에 열중하던 시절, 반기문 유엔사무총장을 만나 태권도 세계화에 대해 논의하였다.

양성해 국기원이 인증해 양질의 지도자를 배출하는 역할을 담당해야 한다. 유튜브 등 홍보 채널을 다양화해서 태권도를 세계만방에 널리 알리고 세계 어느 곳에서도 태권도 수련이 이루어지도록 보급을 확대해야 한다. 이 또한 국기원이 나서야 하는 일이다. 태권도의 르네상스를 이루는 데 국기원이 자리를 잡아야 한다.

국내·외 사범님들의 여론을 수렴하여 종합한 결과, 국기원장은 세계 각 회원국 대표들이 직접 선출해야 하며 각국에 지원을 두어 명실공히 로마 교황청 형태의 역할을 해야 한다고 입을 모으고 있다. 이러한 여론을 바탕으로 모든 태권도인이 바라는 국기원을 만드는 것이 국기원을 성지화하고, 위상을 세계만방에 드높이는 첫걸음이라 하겠다. 태권도는 이제 대한민국만의 태권도가 아니다. 세계인이 함께 수련하는 세계인의 심신 수련무도이다. 국기원이 바로 설 때, 이 모든 우리의 꿈은 실현될 수 있다.

국제무예올림피아드(International Martial Arts Olympiad, IMAO)

국제무예올림피아드의 공식 로고

올림픽 발상지 그리스에 올림피아드(Olympiad)가 있는 것처럼 태권도의 발상지인 대한민국에 세계태권도인의 성지인 국기원을 중심으로 무예올림피아드의 개최를 염원했다. 대한민국에 태권도가 있다면 중국에는 우슈가 있고, 일본에는 가라데(Karte)가 있다. 이렇듯 각 나라에는 저마다 국기라 할 수 있는 심신수련 무예가 있다. 각 민족이 살아온 생활방식이나 자연환경 등의 차이에 따라 각 무예는 성격을 달리한다. 태권도를 중심으로 각국의 20세 이하 청소년들이 모여 끼를 발휘하는 경연대회를 펼칠 필요가 있다고 생각했다. 그래서 준비한 것이 '국제무예올림피아드'이다. 또한 축제(대회)를 주도적으로 기획하고 참가하는 제반의 준비를 위해 동아시아태권도연맹(EATU)을 2016년 3월 16일 창설하여 내가 이사장을 맡고, 이명수 국회의원이 총재를 맡았다.

▲ 전통무예 천무극 계승자인 남민우 사범이 대리석을 격파하는 시범을 보이고 있다.

▶ 유네스코 세계문화유산에 등재된 속리산 법주사의 진현당 앞에서 산사 수련을 위해 방한한 김용호 국제무도아카데미총재와 외국인들 및 사찰 관계자 등과 기념촬영을 하였다.

태권도의 국제화에 관심을 가진 주변 지인들이 모여 결성한 동아시아태권도연맹은 태권도장 간의 교류협력을 촉진하는 NGO로서 한국의 오노균 교수, 중국의 려군 회장, 일본의 히구찌에츠오 선생 등 민족무예지도자가 주축이 되고, 오현(라오스 코익카 파견요원) 사범과 성열우 사범이 실무를 담당한 가운데 설립 되었다.

이와 함께 동아민족무예연구소를 설립하였다. 연구소는 동아시아지역 각 나라의 민족무예에 대해 체계적 연구와 교류 협력을 위하고, 각 무예별 계승과 발전에 대해 대안을 제시해주는 역할을 맡기로 했다. 우선은 연구활동에 동참할 인맥을 폭넓게 확보하는 데서 일은 시작되었다. 내가 초대 소장을 맡게 되었고, 상임연구원으로 윤상화(용인대), 정경화(택견인간 문화재), 조치훈(한양대), 최명수(신한대), 최철영(한라대), 문대성(전IOC위원), 정순천(ITF연구소장), 류칭열(웃다리농악 인간문화재), 이상기(쌍방울그룹 부회장), 임연우(충북대 초빙교수) 등이 각자의 소임을 맡아 수고해 주고 있다.

사단법인 국제무예올림피아드는 '우리 국기인 태권도를 근간으로 세계 각국의 전통무예가 어울려 21세기 지구촌에 평화의 정신을 전파하고, 세계 곳곳에 흩어져서 상실 · 소멸하고 있는 각 원

▲ 태권도가 주축이 돼 각국의 민속무예를 계승 발전시킬 수 있는 환경을 견인해야 한다는 데 뜻을 두고 사단법인 국제무예올림피아드가 공식 출범하였다.

시 부족과 소수 민족의 무예를 찾아 복원 발전시키는 데 목적을 둔다.'라는 창립 취지로 2019년 9월 24일 설립 허가되었다(2019-02호). 나아가 '인류의 근원적 몸짓인 전통무예의 가치를 제고하고, 널리 알리는 데 목적을 둔다.'라고 설명하고 있다. 이미 세계화를 이룬 태권도가 소수 민족과 원시 부족의 전통무예 복원에 일정 역할을 선도해주어야 한다는 책임감과 배려심을 갖고 올림피아드는 시작되었다. 국제무예올림피아드는 유네스코(UNESCO) 세계문화유산 도시에서 개최함을 원칙으로 한다.

사단법인 국제무예올림피아드의 주요 사업은 국제무예올림피아드 대회의 개최 승인과 각국 지부 및 단체의 승인 및 관리, 전통무예의 국제교류 및 전통 태권도 문화의 세계화, 무예 명인 육성 및 인증, 남북 무예 교류 협력 사업. 전통무예 자격연수 및 국제사범 육성, 체육시설의 위탁관리사업, 장애인과 다문화가족 무예 활동 지원, 기타 목적 달성에 필요한 사업으로 정했다. 이렇게 조직을 정비하고 나서 이후의 활동은 일사불란하게 이루어졌다. 곧바로 실행 작업에 들어가 2019년 7월 3일 고려 태조왕건이 행차했다는 전설이 내려오는 속리산 말티고개 산촌 교육장에서 양홍규 변호사(전 대전시 정무부시장), 이문석 국기원 격파분과위원장, 최태호 세종특별자치시 교육감 후보자, 임연우 충북대 초빙교수 등 국내외 각계인사 1백여 명이 참석한 가운데 역사적인 창립총회를 개최하고 오노균 박사를 창립 총재 겸 이사장으로 선출했다. 관계자들 모두가 올림피아드를 내 일이라 여기고 적극적으로 참여해 이룬 성과라 할 수 있다.

그 첫 대회는 남태평양 평화의 섬 괌 이파오비취 공원에서 1998년 12월 20일에 개최하려 하였으나 현지 사정으로 순연하여 2019년 1월 19일과 20일 양일 간 열렸다. 국제무예올림피아드의 법인화를 위한 발기인회를 구성했다. 내가 대회장을 맡아 대회를 주최 했고, 조진영 조직위원장이 현지에서 헌신적으로 대회를 주관하였다. 한국에서 박병준 단장과 조현도 총감독을 비롯해 120명의 선수단이 출전해 무예 지도자 및 선수들과 교류 행사를 했다. 제1회 대회를 괌에서 갖게 된 것은, 괌이 독립 75주년을 맞게 된 것을 기념하기 위해 동아시아태권도연맹 괌 지부가 적극 대회를 유치했기 때문이다. 괌 정부 Leon Guerrer 주지사가 명예 대회장을 맡았다. 히구찌 에츠오(Etsuo Higuchi) 단장이 일본 선수단을 이끌고 대회에 참가하였고, 괌 선수단은 마성열 단장과 임원을 비롯해 많은 선수가 참가하였다. 괌에는 '차모르'라고 불리는 전통춤이 있어 대회를 통해 많은 홍보를 하였다.

제1회 대회의 성공적 개최 이후 제2회 대회는 2019년 대한민국 충북 보은에서 열렸다. 2회 대회 때는 대회 규모가 더욱 확대돼 괌, 일본, 프랑스, 영국, 네델란드 등 16개국에서 150여 명의 선수단이 보은을 방문했다. 유럽에서는 김용호 세계무도아카데미 총재 일행의 참석으로 대회의 품격을 한 단계 높였다. 국내에서도 800여 명의 무도인이 참가하였다. 태권도뿐 아니라 합기도, 택견, 해동검도, 절권도, 격파 등의 다양한 무예를 수련하는 이들이 대거 참가해 수준 높은 경기를 선보였다. 경기는 겨루기를 비롯해 품새와 격파 등 3개 분야로 진행되었다. 대회는 폭발적인

▲ 2019년 개최된 제2회 보은무예올림피아드를 준비한 임원들과 회의를 마치고 기념촬영을 하였다.

인기몰이를 했고, 농산촌 지역인 속리산 일대는 대회 기간 내내 세계 각국의 무도인들로 넘쳐났다. 지역민들의 열렬한 호응과 협조로 대회를 성공적으로 마칠 수 있었다.

괌에서 국회의장을 역임한 원팻 주디스 테레사와 괌 현지 동아시아태권도연맹 마성락 회장 등 일행 50명이 보은 개최 국제무예올림피아드에 참석했고, 이들은 괌 전통춤을 한국에 선보여 박수갈채를 받기도 했다. 또한 미군 태권도 호신술 시범단(단장 김문옥)의 한-미 친선사절단으로 개회식에 참석하여, 시범을 보임으로써 한미 양국의 우의 증진에 한몫을 했다. 특히 대회에 참가한 각국 선수단은 때마침 진행된 보은대추축제를 참관하며 한국의 문화를 체험하는 기회를 가졌다. 1회 대회에 이어 2회 대회까지 성공적으로 끝낸 국제무예올림피아드는 설립 취지대로 세계 각국 민족

▲ 대추축제 기간에 보은에서 개최된 제2회 국제무예올림피아드는 보은의 국제적 홍보에 큰 기여를 한 대회로 기억되고 있다.

무예 교류를 통한 친선의 장으로 자리를 굳혔다. 또한 유네스코도시 보은을 국제적 관광지로 알리는데도 톡톡히 역할을 하였다. 3회 국제 무예올림피아드는 '2020 대전방문의 해'에 맞춰 공식 행사로 대전에서 개최한다. 4회 대회는 백제의 고도 부여 개최를 준비하고 있다.

향후 국제태권올림피아드의 개최도 과제이다. 국제무예올림피아드가 개최되면 민족무예의 진흥은 물론이고, 국제수학올림피아드, 국제물리올림피아드, 국제과학올림피아드 등과 함께 세계 속의 무예 영재를 선발하는 대회가 될 것이다. 국제수학 올림피아드(International Mathematical Oiympiad, IMO)는 국가를 대표하는 세계수학 영재들이 모여 실력을 겨루는 경시 대회로서 1959년 루마니아에서 열린 후 매년 7월 각국을 순회하며 열리고 있다. 대학 교육을 받지 않은 20세 미만인 학생들에게 참가 자격이 있다. 초창기에는 동구권 나라들 위주로 참석했으나 현재는 100여 개 나라가 참가하고 있으며 2000년에는 대전에서 개최되기도 했다. 지속 가능한 무예 태권도를 위하여도 국제무예올림피아드(IMAO)가 열려야 하는 당위성이 여기에 있다고 할 것이다.

따라서 나는 태권도올림피아드 개최를 초대민선 국기원장 선거공약으로 채택하였다. 국기원 성지화를 위해 국기원이 위치하고 있는 지방자치단체인 서울특별시 강남구와 자치구 지원조례 제정 협의하였다. 국제태권도올림피아드 개최를 위한 조직위원회 구성 및 예산 확보와 중간 조직체 운영(사무국)을 설치하여, 국기원의 세계문화유산 유네스코 등재를 위한 T/F 팀을 구성하여 추진할 것을 구상하고 있다. 이를 정책적으로 시행하고자 강남구의회 이관수 의장과 공감대를 형성하고 자문위원으로 발전 방안을 지속적으로 논의하기로 했다. 또한 국기원의 유네스코 세계문화유산등재도 추진되어야 할 것이다. 국기원은 세계태권도 연맹 창립(1973년 5월 28일)에 따른 창립 발기인 모임(5월 27일)이 이루어졌고, 제1회 세계태권도선수권대회(1973년 5월 25일)가 개최되어 태권도를 210개국에 보급하는 산실 역할을 했기 때문이다.

▶ 제1회 국제무예올림피아드가 괌에서 개최된 가운데 태권도 종주국인 한국의 한글로 작성된 포스터가 괌 시내 곳곳에 부착되었다.

▲ (왼쪽) 괌에서 개최된 국제무예올림피아드 제1회 대회는 향후 지속 발전 가능한 대회로 성장시킬 수 있다는 확신을 가졌다는 의미를 갖는다. (오른쪽) 보은에서 개최된 제2회 국제무예올림피아드는 대회가 더욱 확대되어 무예를 통해 친선을 나누는 국제적 교류의 장으로 자리를 잡았다.

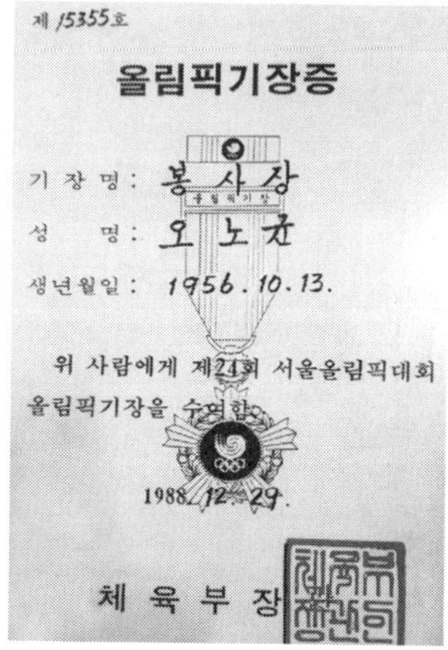

제 15355호

올림픽기장증

기 장 명 : 봉사장

성 명 : 오노균

생년월일 : 1956. 10. 13.

위 사람에게 제24회 서울올림픽대회 올림픽기장을 수여함.

1988. 12. 29.

체 육 부 장 관

▲ (위) 민주평화통일자문회의 상임위원으로 활동하며 평화통일 분위기 확산에 기여한 공로를 인정받아 이명박 대통령으로부터 공로표창을 받았다. (아래) 제24회 서울올림픽의 성공적 개최에 기여한 공로를 인정받아 정부로부터 올림픽기장을 수여받았다.

태권도가 2000년 시드니올림픽부터 올림픽 정식종목으로 채택돼 세계스포츠 문화 발전에 중요한 기여를 하게 된 것은 세계태권도의 중앙도장인 국기원의 역할이 무엇보다 컸다. 국기원은 뛰어난 한국의 미적, 역사적 가치를 가지고 있으며 건축학적 가치도 높다. 전통 청기와 형태 등은 보존 가치가 매우 높은데다 국기원은 유일하게 원상태로의 보존이 되어 있다. 따라서 적절한 관리와 보존이 요구된다. 국기원은 유네스코 세계문화유산으로 지정되어 인류 모두의 유산으로 보호돼야 한다. 즉 국제무예 올림피아드를 통해 국기원의 위상이 세계적으로 정립되고, 올림픽 태권도 운동의 중심으로 국기원이 성지화 되는데 도움이 되었으면 한다. 국기원은 태권도의 지속발전에 선도적 역할을 담당할 것이며, 유네스코 세계무형유산으로 지정되면 세계적 명소로 거듭나게 될 것이다.

민선 초대 국기원장에 도전하다

내가 태권도에 입문한 지 반세기가 되는 2019년. 사상 첫 국기원장 선거가 이루어졌다. 그동안 태권도인으로서 평생 태권도만을 생각하며 살아온 내게 국기원장 선거는, 태권도를 위해 봉사할 수 있는 기회가 될 수 있다는 생각을 했다. 그래서 과감하게 국기원장 선거에 출마를 결심하였다. 그동안 국기원장 임명은 이사회를 통해 이루어졌다. 이 때문에 민주적 질차에 의해 제대로 원장을 선출할 수 있는 적절한 방법이 아니라는 지적을 받았다. 그래서 태권도를 더 크게 바로 세워야 한다는 신념을 가진 지도자들의 오랜 노력 끝에 세계 각국의 선거인단에 의한 직접 선거로 선출방식이 바뀌게 되었다. 그 첫 시험무대에 오르기로 한 것이다.

▶ 민선 초대 국기원장 선거에 출마하여 후보자 연설 시간에 세계 각국의 유권자들 앞에서 태권도의 세계화와 태권도의 발전방안에 대해 평소 소신을 피력하였다.

태권도는 전 세계 210개국에서 1억 5천만 명이 수련하고 있는 국제무도스포츠로 2000년 시드니올림픽부터 올림픽 정식 종목으로 채택돼 국제적 위상을 입증해 보였다. 이렇듯 태권도가 국제적으로 성장하게 된 배경에는 WT(세계태권도연맹)와 국기원의 역할이 무엇보다 컸다. 1972년 '태권도 중앙도장'이란 이름으로 출발한 '국기원'은 태권도 정신이 전 세계인의 생활 규범으로 정착될 수 있도록 태권도 역사, 정신, 교육, 심사 등을 담당하는 세계태권도본부이다. 국기원은 태권도 정신을 보급하기 위한 국제기구(IO)이며 세계 모든 태권도인의 승품단 심사와 사범 연수는 국기원 명의로 이루어진다.

국기원은 태권도 사범 교육을 통합 실행한 것을 시작으로 세계태권도지도자 연수원을 개원하여 운영하고 있고, 태권도 교본을 발간하는 역할을 했다. 태권도 기념관도 운영하는 것을 비롯해 시범단을 창단해 세계 각국을 돌며 태권도 기술을 보급하는가 하면 표준품새 교육을 시행하고 있다. 세계태권도지도자 포럼 개최와 함께 저개발 국가에 사범을 파견해 태권도를 보급하는 역할도 수행하고 있다. 국기원은 이렇듯 태권도를 세계인의 무도로 정착시키기 위한 다양한 역할을 맡고 있다. 국기원이 출범한 이래 지금껏 태권도 발전을 위해 무수히 많은 일을 해낸 사실을 부정할 수 없다. 국기원은 앞으로 세계총회 및 지부 설치 등을 통해 명실공히 세계태권도본부로서의 위상을 높여가야 한다는 막중한 과제를 안고 있다.

이러한 시대적 요구에 부응하기 위해 민선 초대 국기원장 선출에 과감히 출사표를 던졌다. 선거에는 최영열, 김현성, 오노균 등 3명이 후보로 등록한 가운데 2019년 10월 11일 국기원 선거관리위원회와 중앙선거관리위원회가 주관하여 진행되었다. 국내외 선거인단 74명 중 62명이 투표에 참여하였다. 투표 결과 1차 투표에서 '기호 1번 최영열 후보 29표, 기호 2번 김현성 후보 4표, 기호 3번 오노균 후보 28표, 무효 1표'의 결과가 나왔다. 후보자

▲ 국기원장 선거에서 1차 투표에 이어 2차 투표를 실시하였으나 중앙선거관리위원회의 그릇된 판단으로, 과반수가 넘어야 한다는 규정에도 불구하고 과반수를 차지하는 데 실패한 후보가 당선인이 되는 어처구니 없는 일이 벌어졌다.

중 누구도 과반수(32표) 득표를 하지 못하여, 국기원 제9조 제7항 제3문이 정한 규정에 의하여 1차투표 1위와 2위자가 2차투표를 실시하였다.

투표 결과, '기호 1번 최영열 후보 31표, 기호 3번 오노균 후보 30표, 무효 1표'의 결과가 나와 최영열, 오노균 두 후보 모두 과반수(32표)를 득표하지 못했다. 따라서 정관의 규정에 따라 최영열과 오노균 두 후보 중 어느 한 명이 과반수(32표) 득표를 얻을 때까지 재투표를 실시해야 했다. 그럼에도 불구하고 선관위는 재투표(3차투표)를 하지 않고, 최영열 후보가 과반수를 득표하여 원장으로 당선되었다고 공표하였다. 나는 선관위가 중차대한 실수를 저지른 것이라고 확신했다. 이에 따라 "당선자 공표는 국기원 정관 및 원장 선거관리 규정을 명백히 위반한 것으로서 그 절차상 하자가 중대하고 명백하다"고 주장하며 선거 무효로 이의를 신청했으나 받아들여지지 않았다.

이에 법원에 국기원장업무정지가처분 신청을 접수했다. 서울중앙지방법원 민사 50부는 원장직무정지가처분을 인용하여 직무 정지 결정을 내렸다. 결정문을 요약 하면 "원장 선거의 당시 국기원과 중앙선거관리위원회가 체결한 약정에 따르면 '선거인 과반수의 투표와 유효투표의 과반수 득표를 한 후보자를 당선인으로 결정하고, 당선인이 없을 경우에는 최다수 득표자와 차순위 득표자를 대상으로 당선인이 결정될 때까지 결선(재)투표를 진행한다고 하였다. 원장 선거의 당선 정족수는 정관에 규정되어 있으므로(정관 제9조 제7항), 정관을 변경하는 절차를 거치지 않는 한, 어느 누구도 정관의 규정과 달리 원장 선거의 당선 정족수를 정할 수 없다. 정관을 변경하지 아니한 채 국기원 이사회나 중앙선거관리위원회가 임의로 정관의 규정과 달리 원장 선거의 당선 정족수를 정할 수 있다고 본다면 이는 재단법인의 정관 변경 등에 관한 강행규정인 민법 제45조 등에 반하는 것으로 허용될 수 없다."고 판결하였다.

소결로 "정관 규정에 반하는 중대한 절차상의 하자가 있으므로 무효로 봄이 타당하고, 설령 국기원 이사회나 선거관리위원회 또는 중앙선거관리위원회가 정관 규정과 달리 임의로 원장 선거의 당선 정족수를 정하였다고 하더라도 이는 당연 무효로 보아야 한다. 따라서 2019년 10월 11일 최영열을 원장으로 선출한 결의는 무효라고 할 것이다."라고 판시하였다. 따라서 법원의 결정을 수용해 모두가 용납할 수 있는 정정당당한 재투표를 통해 국기원장 선출이 이루어지기를 소망한다. 또한 여러가지로 부족한 이 사람에게 30분의 선거인단께서 저를 끝까지 지지해 주셨다. 지금도 선거인 명단을 살펴보면서 그 감사함과 은혜를 뼈속까지 간직하고 있다. 하루속히 국기원이 정상화되어 태권도를 세계 최고의 무예 성지로 자리 잡게 하는 역할을 다했으면 하는 바람이다. 가장 정의롭고, 가장 활동이 왕성한 국기원을 만드는 데 나의 미력한 힘이나마 보태고자 한다.

오노균은 '방관하는 자는 지도자가 되지 못 한다'는 신념을 갖고 살아왔다. 그 일념으로 국기원장에 도전했다. '건강한 신체에 건강한 정신이 깃든다'는 유베 날리스의 주장은 참으로 옳다. 앞으로 국기원은 세계태권도본부로서 코로나19 사태 이후에 세계 청소년들에게 청결, 체력, 정신, 규범 등을 전파해 사회질서가 안정적으로 유지될 수 있도록 하는데 역할을 다해야 한다. 세계 지부의 설치로 네트워크를 통한 사업의 다각화가 필요한 이유이다. 국기원은 종전의 방어적인 모습에서 벗어나 진취적 기상을 갖고 공격적으로 세계의 평화와 세계인의 건강한 삶을 위해 정진해야 한다.

따라서 국기원이 중심이 돼 UN회원국에 태권도를 지속적으로 보급 할 수 있는 프로그램을 시스템을 갖춰야 한다. 이를 위해 UN본부 산하기구인 경제사회이사회(UN Economic and Social Council, ECOSOC) 소속의 'NGO 위원회' 협의 지위 신청이 절실하다. 국제단체로서의 위상을 정립해야 원활하게 목표한 사업을 이끌고 갈 수 있기 때문이다. 그 명칭은 '세계태권도본부'(World TaekwonDo Headquarters · WTH) '국기원'을 그대로 인용하면 된다. 아프리카 등 제3세계 국가에 지속적으로 파견 사범을 확대하고, 이를 통해 청소년 태권도 프로그램 운영 등이 활발하게 전개돼야 한다. 개도국 지도자 및 청소년 초청 연수, 4단 이상 국제

사범 양성 및 국제청소년 명예경찰제 인증 등의 프로그램 운영도 구상해 볼 필요가 있다.

태권도법(약칭) 제19조(국기원) 제8항 제4호에 '해외지원 또는 지부를 둘 수 있다'는 근거에 따라 아시아, 펜암, 유럽, 오세아니아, 아프리카 등에 국기원 사무국 또는 지부를 설치할 필요가 있다. 여기에 국기원 직원을 파견하여 승품단 심사 및 태권도 보급을 위한 각종 교육, 국제교류사업 등을 시범적으로 추진하고 점차 각국으로 확대해 나가야 할 것이다. 또한 국기원 회원국 세계총회 개최를 개최 '국기원 헌장'을 제정하고, 그 헌장 아래 지구촌 태권도 가족이 모이야 할 것이다. 국기원 세계총회를 통해 각국과 소통하고 세계 태권도 한마당과 연계하여 국기원이 세계 태권도 중심단체로서의 위상을 높여 나가야 한다.

또한 국내적으로는 '대한민국의 국기는 태권도로 한다.'는 법률에 의거하여 이를 범국민적 참여 운동으로 확장 시키기 위한 시행령과 시행규칙 등을 조속히 제정해야 한다. 지역 태권도 진흥을 위한 표준조례안도 마련하여 명실공히 국기태권도 진흥을 위한 법적 제도적 토대를 공고히 해야 한다. 국기원은 교육부와도 협의하여 학교체육 통합 거버넌스를 기반으로, 학교 태권도 활성화를 위한 컨트롤타워(control tower)가 되어야 한다. 여성, 노인, 장애인, 경찰 등을 위한 프로그램을 특화하고 이들이 부담 없이 태권도에 접근할 수 있도록 국가 지원 바우처 제도 등을 확대해야 한다. 이러한 특성화 도장을 공익적 시범사업으로 추진하여 지도사범 수당, 시설 개·보수비 등을 정부 예산으로 지원해야 한다. 이와 함께 태권도 원로 및 유공자 등에 대한 예우를 제도화하고 평생 태권도에 종사한 지도자들이 복지수혜 속에 여생을 편히 보내실 수 있도록 하는 방안도 적극 검토해 나가야 할 것이다.

국기國技 태권도 포럼 창립

태권도가 대한민국 국기로 법률에 명시된 2주년을 맞아 원로급 태권도인과 태권도에 관심이 있는 분야별 전문가들이 주축이 돼 2020년 3월 12일 '국기태권도포럼'을 창립하였다. 대전 서구 관저동 음식점에서 창립총회를 가진 '국기태권도포럼'은 이날 오노균을 총재, 제5대 대전시태권도협회장을 역임한 김기복 전 대전서부새마을금고 이사장을 회장으로 추대하고 태권도 발전과 중흥을 선도하기 위한 포럼으로 첫발을 내디뎠다. 특히 6선의 박병석 국회의원을 명예총재로 추대하여 위상을 높였다. 20여 명의 발기인이 모여 출범한 포럼은 앞으로 국기인 태권도의 저변을 확대하고, 대 국민 관심을 끌어올리는데 앞장설 것을 다짐했다.

창립총회에 참석한 회원들은 다수의 국민이 태권도가 대한민국의 국기로 법률에 명시돼있는 사실을 알지 못하고 있어 이에

▲ 박병석 국회의장(당시 5선)을 명예총재로 추대하고 출범한 국기태권도포럼은 창립 총회를 갖고, 앞으로 태권도가 국기로서 확고히 자리 잡을 수 있도록 모든 회원들이 앞장설 것을 결의했다. (아래) 태권도의 대한민국 국기 법률 명시 2주년을 기념하기 위한 기념식과 시민토론회가 국기태권도포럼 주최로 개최돼 다양한 의견이 교환되었다.

대한 홍보에 태권도인들이 적극적으로 나서야 한다는 데 뜻을 모았다. 포럼은 정기적으로 태권도 관련 세미나를 개최하는 한편 모든 회원이 일선 태권도장을 중심으로 태권도의 저변을 더욱 적극적으로 확대하는 데 저마다 노력을 기울일 것을 다짐했다. 특히 태권도가 어린이들을 위한 수련 스포츠로 국한되고 있는 현실을 타파하여 모든 국민이 즐기고 수련하는 무예가 될 수 있도록 인식을 전환하는 데 포럼이 앞장서기로 했다. 나아가 국기원을 중심으로 태권도를 한류의 중심에 세울 수 있도록 국기태권도포럼이 방향을 제시하기로 결의했다. 또한, 태권도 관련 단일 법률을 제정해 더욱 세밀하게 태권도가 국기로 발전할 수 있는 틀을 만들자는 데 의견을 모았다.

이날 참석하여 명예총재직을 수락한 박병석(공인 3단 · 21대 국회의장) 국회의원은 "태권도는 한국을 대표하는 대표적 문화이며, 한국을 전 세계에 알릴 수 있는 가장 강력한 무예이지만 국가적 차원의 지원과 관심이 부족했던 것이 사실이다. 국기태권도포럼이 앞장서 태권도 보급과 한류 시장 개척에 앞장서 달라."고 격려의 메시지를 발표했다. 김기복 초대회장도 "태권도가 앞으로 해야 할 역할은 무수히 많지만, 민주적 구심체가 없어 활동이 제한적일 수밖에 없었다. 국기태권도포럼이 오노균 총재를 중심으로 다양한 아이디어를 제공하고, 응집력을 발휘하여 태권도가 대한민국 국기로서 역할을 다할 수 있도록 적극적으로 활동하자."라고 참가자들에게 당부했다.

포럼 창립 멤버로는 총재인 나를 비롯해 박병석 명예총재(5선 국회의원), 김기복 회장(제5대 대전시태권도협회장), 박상도(충효인성교육중앙연수원장), 임연우(제3대 대전시장애인태권조협회장), 이규용(무덕관 원로), 김창완(청도관 원로), 손복현(무덕관 원로), 심홍석(대전시 원로태권도회 총무), 장태윤(카이스트 태권도 교수), 지광수(경무태권도 관장), 이태규(코리아태권도관장), 성열우(국제무예올림피아드 사무차장), 김경숙(동아시아태권도연맹 재무관) 등이 참여했다. 이밖에 남창섭 대전사랑시민협의회 사무처장, 송인웅 인권TV 대표, 법화사 혜광 스님, 김도운 금강일보 논설위원, 최정규 대전교통장애인협회장, 임성환 전 한국걷기운동본부 사무총장 등도 동참했다.

국기태권도포럼은 창립 이후 첫 행사로 3월 30일 태권도의 대한민국 국기 법제화 2주년을 맞아 대전중구인권센터 사무실에서 기념식과 함께 시민토론회를 했다. 각계를 대표하는 시민이 참석한 이 날 기념식에서 참석자들은 태권도가 대한민국 국기라는 사실을 더욱 많은 국민에게 날릴 필요성이 절실하다는데 뜻을 같이 하고 저마다 종사하는 분야에서 적극적인 홍보맨 역할을 할 것을 다짐했다. 국기태권도포럼 총재인 나는 이 자리에서 태권도를 발전시키고 국기로서의 위상을 갖게 하기 위해 대통령령인 시행령 개정이 필요하다는 사실을 강조하여 참석자들로부터 호응을 얻었다. 국기태권도포럼은 크고 작은 태권도 관련 모임과 세미나를 지속 개최하여 태권도에 대한 대 국민 관심을 유도하고 이를 기반으로 태권도 발전을 도모하기로 뜻을 모았다. 또한 9월 5일에는 제4차 '태권도의 날'을 기념하는 포럼을 개최했다.

종주국 태권도문화원 설치

사단법인 국제무예올림피아드(IMAO) 부설 '태권도문화원(WATC, World Academy of Taekwondo Culture)'이 국가기념일인 9월 4일 '태권도의 날'과 연계하여 현판식을 하고 본격 출범했다. 태권도문화원은 창립 이사장인 철학박사 원산 선생께서 높은 세계관과 인류애를 바탕으로 지구촌에 평화와 온통 자유가 태권도문화를 통하여 이루이지길 확신하는 의지로 세웠다. 내가 초대 원장을 맡게 된 태권도문화원은 앞으로 태권도 철학을 바탕으로 국내 · 외 태권도 사범들의 역량 강화 교육을 추진하게 된다.

또한, 태권도 품새, 격파, 호신술 등 무예 올림피아드, 남북태권도 교류, 태권도 문화관광축제, 해외 태권도 사범 파견 등 제2의 태권도 부흥과 4차산업혁명 시대에 부응한 태권도 산업화를 추진하는 세계태권도문화원 본부 역할을 맡게 된다. 조선 시대 성

리학자인 사계 김장생 선생의 예학(禮學)과 우암 송시열 선생의 직(直)과 도심(道心), 정조 어명으로 제작한 무예도보통지에 근거를 둔 권법과 무기술인 태극봉 및 삼단봉 연수 등 인문학과 전통무예가 융합된 수준 높은 맞춤형 교육으로 실력 있는 미래사범을 육성할 계획이다.

태권도문화원을 이끌고 나갈 교수진은 대학의 태권도 관련 교수를 비롯하여 철학자, 한의학자, 교육학자, 전통 무예 학자 등 각계의 명망 있는 인사가 참여할 예정이다. 또한, '해외 태권도문화원 설립' 지원과 함께 중국, 미국, 호주 등을 중심으로 해외 태권도 사범 파견사업에 앞장설 계획이다. 소통 공간인 카페를 비롯해 각종 편의시설을 갖추고 있는 태권도문화원은 세월을 머물게 하는 중국 고대 및 중세의 청백자 등 도자기를 비롯해 철질운석, 운보 김기창 화백의 그림과 분재 작품 전시 등을 협력(協力) 프로그램으로 제공하고 있다. 태권도문화원은 유네스코에 등재된 백제의 고도 공주와 부여 탐방을 비롯해 천년고찰 마곡사와 법주사 등 산지 승원 체험 등 전통문화체험사업도 연계해 펼쳐나갈 예정이다.

나는 초대 원장으로서 태권도문화원을 세계태권도 문화중심으로 이끌어갈 포부를 갖고 있다. 이에 따라 해외에 태권도문화원 지부 설치를 전개해 나갈 것이며 종주국 태권도의 정신세계를 이끌어 제2의 태권도 부흥 운동을 전개할 것이다. 또, 4차산업 혁명 시대의 변화에 대응하고 무덕(武德)을 통해 인지(人智)를 깨우고, 젊은 사범들이 UN자원봉사에 참여할 길을 열어주는 등의 활동을 통해 세계태권도를 선도하는 중심이 되도록 할 계획이다. 특히 태권도문화원에서는 해외문화원 추천으로 한국을 방문하는 국제사범들을 대상으로 힐링센터 역할을 제공하고, 각종 무예신기술의 서비스를 제공할 계획도 마련하고 있다.

해외 대학생의 태권도 학습 프로그램 제공도 구상하고 있어, 박사학위 대학교수의 책임지도로 상호 협정하여 학점을 인정하는 체계도 갖출 예정이다. 해외로 진출해 태권도 사범으로 활동하고자 하는 자는 언제든지 면담을 통하여 단기, 중기, 장기 태권도 사범 코스 연수와 함께 사단법인 국제무예올림피아드에서 인정하는 국제 무예 사범 자격증을 취득할 수 있도록 할 계획이다. 이를 바탕으로 향후 유네스코 등록을 추진하는 한편 UN 자원봉사 등에 대학생 및 청년들의 참여를 적극적으로 권장하고 추천할 예정이다.

태권도문화원은 서울 국기원과 무주태권도원과 함께 태권도 종주국 3대 중추 기관으로 성장할 꿈을 갖고 있다. 태권도문화원은 국토의 중심으로 천년 역사의 온천도시인 '대전광역시 유성구 북유성대로 161번 길(지족동)'에 사무국(042-710-0105, 송인웅

▲ 태권도문화원의 출범 기념으로 열린 제1차 국기태권도 포럼이 '태권도의 道란 무엇을 의미하는가'를 주제로 개최되었다. 이날 포럼은 김기복포럼회장을 좌장으로 오노균의 주제발표에 이어 심의보 교육학자, 천리향 한학자, 전병덕 변호사, 오도석 철학박사 등이 지정토론을 이어갔다.

사무국장)을 두었다. 층별 주요 시설은 ▶지하 1층 중앙도장, ▶지상 1층 안내센터, 성천문화원, 사무국, 카페, 식당 ▶지상 2층 대회의장 및 무예경기장, 방송실, 기자실 등과 500여 석의 관중석이 있다. 무예 시합, 세미나 등을 중계할 수 있는 방송 시스템도 최첨단 시설로 구비돼 있다. 이곳에서 '오노균 태권도TV' 유튜브 방송을 시작했다. 태권도문화원에는 55계단인 '구도길'이 설치돼 있다. 태권도문화원에서는 태권도계의 도맥(道脈)을 잇는 세계적 총본산으로 '천고'를 설치하였다. 태권도 최고의 품계인 9단 대사범, 명인, 해외태권도 개척자, 외교사절 등이 문화원을 방문할 때 최고의 예우로 천·지·인의 한마음으로 3번의 천고를 울리기로 했다. '오노균의 태권도 반세기'를 맞아 태권도문화원이 설립된 것은 국기원 대외협력위원인 원산 선생의 한없는 애국심과 태권도 사랑의 실천 덕분이다.

Taekwondo
half a century of
Oh-NoKyun

Keywords in my life

Oh-NoKyun was born as a baby boomer after the Korean War ceasefire and witnessed the process of growth and development, democratization and globalization in Korea. The black rubber shoes also went through a period when they were precious and could not wear them, when they were hungry for supplies of American troops because they had nothing to eat, and when they could not go to school because of no tuition. It is a generation that clearly remembers how Korea is growing into one of the world's 10 largest economies. The world's poorest nation has witnessed the great performances of the Summer and Winter Olympics and the World Cup. I remember vividly the whole process of Korea becoming democratized and growing into a global country as it emerges from poverty.

As I look back on my short life, I thought about the keywords that organize my life. Others may reflect on their lives and consider the key keywords for a while, but the key keywords to organize Oh-NoKyun's life are very simple and clear. It is 'taekwondo' and 'rural'. My dream was to be a person who is very good at taekwondo, to teach taekwondo very well, and to spread taekwondo around the world. Also, the rural enlightenment and rural activist who made the rural well lived was my wish. These two life keywords are still valid.

Taekwondo and rural areas may sound like separate words that don't fit at all, but they are the same word for me. I have lived for taekwondo and rural life. Not even a moment left Taekwondo or rural areas to think differently. Thoroughly lived a taekwondo life, a rural enlightenment. We will also live with these two life keywords. The goal of my life is to make a country where all Koreans practice taekwondo, which is a national flag, and a country where the rural areas are happy and well-being. Life for this goal is ongoing and will continue. Dream comes true.

Relationship with Taekwondo

Obaksa Village, Simok-ri, Hyundo-myeon, Cheongwon-gun, Cheongju-gun, Chungcheongbuk-do, is my hometown. Like any rural village at that time, our village was poor, insensitive to world news, and lacked hope or vision. Air Force troops visited the village in fifth grade. They screened a movie for rural enlightenment, demonstrated a taekwondo demonstration, and taught children the basics. At that time, the name Dangsu-do was used more widely than the name Taekwondo. The demonstration of Taekwondo, combined with modest poomsae and the sound of pressure, was enough to steal the hearts of rural children. Taekwondo was first imprinted on my mind.

Soon after, the uncle and brother of Boseong Oh's family rented a Catholic church warehouse, laid a bale, made a temporary painting, and began teaching taekwondo to the children in the neighborhood. The young boy Oh-NoKyun, who was already deeply immersed in Taekwondo after the demonstrations of the Air Force members, began to accept the fatalism that the Taekwondo stamp in the village was created for me. Before the training began, I arrived at the dojo, cleaned it, and prepared it. This deeply fascinated with Taekwondo, so it is natural to suck like a sponge every time you learn a technique. There could be no uniforms. She wore a cloth cloth made of flour bags delivered as US aid, but that didn't matter.

It was the happiest time to learn Taekwondo in the world. The teacher gave special affection to the young child learning so hard. So he showed remarkably fast skill acquisition ability, and in a short period of time, he showed skill of one month. Stamina has also improved noticeably. I ran around 10km from the neighborhood to middle school, but I wasn't tired. Even after going to school, I did not neglect to practice Taekwondo at the village school. A year earlier than the friends who entered Taekwondo together, he stepped on the high ground of the 1st dan (4722 times). The first time I grabbed a baton as a master was my "Hyeondo Dojo".

I climbed to 4th Dan and became a teacher, but I couldn't go to high school because of my family. But not disappointed. Because I had taekwondo. It was Taekwondo that healed the sad heart of not going to high school. One more thing was the rural enlightenment movement. At that time, the winds of Saemaul Undong came to rural areas, and various measures were taken to enlighten the rural areas. At that time, 4H was organized to participate in rural activities. But it was unreasonable to do the rural movement with the ability to graduate middle school. I realized my limits. I thought that I should study further as a Taekwondo master with rural movement.

The opportunity came. It was three years later than their peers, but the opportunity came to Yuseong Agricultural High School. No housework was better. After entering Taekwondo, he participated in various championships and achieved a number of results. It was a condition of not paying tuition for 'Yi Soon Shin's scholarship student' for three years. So I started as a Taekwondo player and leader. When he was in high school, he competed in the 56th National Sports Championships, winning third place, winning bronze medals. From 1975 to 1983, he won many prizes at national championships. My special skills, downswing and regime scrutiny, were so intense that word of mouth was among the Taekwondo people.

Although the school expenses were resolved, living expenses and other allowances were needed, so I had to work part-time to teach juniors at night in the supermarket house near the high school and in the school dormitory. Whenever I had a hard time, I was able to overcome the Taekwondo spirit. After graduating from high school, I continued my life as a teacher at Yuseong Mudeokgwan. Afterwards, my friends were always there to protect me. One of my unforgettable friends is Jang Tae-yoon, who was a director of Taekwondo Department at Chungnam National University. Deok-woo shares with Im Yeon-woo, Kim

Bong-hwan, Cho Hyun-do, Hwang Seung-ho, and Hanbok-dong. They are also talented, having a Ph.D. and having 8 to 9 dans in Kukkiwon.

After graduating from high school, he joined the public office. It was to keep their promise to make difficult rural enlightenment without losing the beginning of high school. He started his office in Daedeok-gun Office, Kiseong-myeon in 82, and worked for 15 years at Daegu-si Seo-gu Office. I systematically drawn the sketches of the inhabitants' enlightenment by utilizing the characteristics of the area well, and Taekwondo was with me no matter what. At that time, he has been in a relationship with those who have made a relationship. Emphasis was placed on taekwondo spirit, "ui-ri," which helped and worked together in the future. As a taekwondo man, he grew up as a community worker while keeping his honor and pride.

15years of public life

As a public official, I had a decisive event that changed my life when I worked at Kiseong-myeon, Daedeok-gun. Taekwondo was installed in the empty building of the Agricultural Cooperatives in Heukseok-ri (now Heukseok-dong) to teach children for free after work. In addition, he frequently cared for the socially vulnerable groups such as the disabled and the elderly living in the jurisdiction. One day, an elderly man came to visit a noodle office to pick up rice distributed as relief supplies. He could hardly take the rice home. I decided to deliver the rice on a motorcycle. On his way to Heukseok-ri, he crashed into a bus on the other side of the road and injured his knee. It was a big accident to be hospitalized for more than half a year. It was a big obstacle to taekwondo. This was later known and recognized in 2002 as a national merit.

Ten years of office was another meaningful time. I lived hard enough to run 24 hours a day. During the day, he did his best as a public official, taught Taekwondo at the dojo in the evening, and when he returned home, he studied public administration at KNOU and night college. At this time, the 88 Olympics were held, and I applied for the Ministry of Sports, a central department, as a support agent. It started to transfer to the second year of Yongin University. After attending school, I moved to Suwon by school bus, then I went to Daejeon by train and went to the office by motorcycle. It was over 4 pm. From that time onwards until 10:00 p.m., the official service was completed and it was 11 o'clock. While living that way, I didn't filter the report. This superhuman life lasted for three years.

At this time, there was something unforgettable. In a difficult economic situation, Cho Hyun-do, Lee Woo-young, Min Kyung-bae, Lee Tae-kyu, Kwon Ho-yeon, and Yeon Sang-kyeong, bought a car (Hyundai Pony) and gave it to me as a gift. It was a pity that the teachers were cheering with great strength because they were sad to see the school, office, and school going north, south, east and west on a poor motorcycle. I live with my gratitude for the rest of my life. At that time, the Republic of Korea was a property that nobody could have before the true mica era began. At that time, it was very meaningful that the masters who had a hard time evacuating them gave me a car.

During my time at Yongin University, I trained endurance training on Buasan every Friday afternoon. Cross Country Training, which used to be an extreme experience, is still a big memory. At the time, the gift of teaching the patience and the spirit of self as a professor of taekwondo and tiger is the chairman of Kyu-seok Lee. Kim Eui-young, a friend and professor who helped me to go to college hardly, says I am a person. In addition, Lee Kwan-jae, who helped with learning, and Kim Tae-hwan, who gave the job in his room, are unforgettable brothers. Kim Tae-hwan, Lee Woo-young, and Lee Tae-gyu have helped me since then as a dedicated teacher in my Taekwondo doctrine.

In this busy life, a new home was set up in 1982, when he was converted to an early childhood education major. My wife ran a kindergarten and I taught them Taekwondo. The name of the seal was named Oh Hyun Taekwondo. The first place I practiced taekwondo was 'Hyeondo', a conglomerate of 'Boseong Oh'. Later, he was named Oh Hyun (吳鉉, transferred to Korea University 04 after graduating from Chungcheong University). The only son Oh Hyun majored in North Korean Studies at Korea University and was established in Siem Reap Province, Laos as a unit of international cooperation. Son is the second director of Oh Hyun Taekwondo and continues his family business in Bomunsan Jarak Culture-dong.

Start of overseas activities

He graduated from Myongji University in 1991 and studied sports management with Dr. Kim Dae-sik of the University of Texas Berkeley as a gift at the Sports Academy of Korea. This triggered an opportunity to work as an exchange professor at Southwestern University in the Philippines. At the same time, he completed a postgraduate doctoral program and received a Ph.D. Under the doctoral degree, he was invited as an assistant professor of sports diplomacy at Chungcheong University in 1997. As I moved to the university, I left my position as a civil servant. At the same time, he moved to the Ministry of Sports, a central department, and turned to a national post, where he dreamed of continuing to be a public official.

Although he had already earned a Ph.D. and was teaching, he went to Korea University Graduate School to continue his studies. As a research project of 'The Effects of Taekwondo Training Program on Body Composition and Physical Fitness by Age Group', Dr. Kim Chang-guk, a Korean authority in kinematics, was appointed as an advisor and analyzed the taekwondo poomsae. As a result, he received a Ph.D. in physical education from Korea University (previously awarded a doctorate in science). In addition, he was inaugurated as the president of Daejeon Taekwondo Association in recognition of the indomitable life that he served as a public official, studied Manhakdo, and served as a university professor.

World Taekwondo Culture Festival

Since joining Chungcheong University in 1998, he established Sports Diplomacy and created the World Taekwondo Culture Festival to realize diplomacy through sports exchanges centered on Taekwondo, the national flag. I have acted as the general secretary of the festival for 10 years and managed the whole process. There were a lot of hard and difficult things in the process of creation, but if you were to raise your status as a Taekwondo slave country, you were ready to endure any difficulties. Of course, we cannot forget the active support of Dean Jong-Taek and President Kyung-Ho Oh and the devoted help of fellow professors. Chungcheong University's sports diplomacy began with the goal of cultivating sports, especially private diplomats through Taekwondo. Ambassador Kim Un-Yong, the vice chairman of the International Olympic Committee (IOC) at the time, began as an honorary professor. I was in charge of the office of Chungcheong National University, and as the founder of the Department of Sports Diplomacy, I wanted to build a foundation for my department's capacity through the World Taekwondo Culture Festival.

First of all, Dr. Dong-Geun Song (the director of the International Sports Department) was very helpful in getting official sponsorship from the Ministry of Sports, the government's competent department. Secretary General Kim Chul-oh helped to get official approval for the Korea Open Competition from the World Taekwondo Federation. I am grateful for the many people who helped me at that time. Previously, Taekwondo had been operated mainly for competitions at home and abroad, but the idea was to sublimate it into a festival and incorporated it into the festival. Thus, various genres of interest such as poomsae, frustration, and self-defense could be used as the core of the festival, leading to explosive popularity. In 2001, when the festival began, it was designated as the year of the government's visit to Korea, and the government designated and supported Cheongju Taekwondo as one of the eight national festivals in Cheongju, along with Icheon ceramics, light bulb food and sound, Daegu textile, Busan film, and Jeju island culture. gave.

The festival was quite grand. During the opening ceremony, there were various dances such as drum dance, samulnori, and taekwondo aerobics, and during the event, pilgrimage to Joongju, World Youth Taekwondo Competition, Taekwondo Class, Taekwondo Goods Fair, Korean Traditional Martial Arts Competition, Gil Nori, and Choonmu continued. It was mainly held in Chungbuk, Chungcheong, Chungju, Jincheon, and Boeun, but some events were held in Seoul. With the theme of taekwondo, various festivals were combined and sublimated into cultural festivals, and local governments and universities throughout the country looked at the festival and were intensively benchmarking abroad.

President Kim Dae-jung attended the graduation ceremony of

Chungcheong University to encourage the World Taekwondo Culture Festival to be popular and to attract the attention of the world and to establish itself as an event that promotes Taekwondo to the world. The inauguration of the current president at a local university, or a two-year university graduation ceremony, was the first time ever since the nation to realize the status of the festival. The festival was a success, reflecting the original intention of the festival to provide a variety of attractions that everyone can enjoy. More than 3,000 people from over 60 countries visited Korea for the festival. Over 300 U.S. soldiers in the Uijeongbu Taekwondo demonstration team, along with the division leader, gave the opening ceremony under the guidance of Kim Moon-ok.

The World Taekwondo Cultural Festival has made a decisive contribution to promoting Chungcheong University to the world and to recognize it as the best specialized two-year university in Korea. In addition to using language-related majors as interpreters, students were encouraged to participate in festivals by taking roles in food, tourism, and security departments. The festival saw a surge in school status and gained confidence that colleges and local universities across the country were able to specialize and globalize. Thus, the World Taekwondo Culture Festival, which is led by Chungcheong University, is still mentioned as an example of a new era in Korean universities. In 1998, the first competition was held at a university located outside of Cheongju, Kim Bong-hwan, Lim Yeon-woo, Park Moon-sik, Cho Hyun-do, Han Bok-dong, Lim Dong-bum, Taekwondo fellows, Taekwondo newspaper reporter Seo Sung-won, and Chungbuk Taekwondo Association Chairman Chung Man-soon. .

United States Lee, Moo-Yong, Yoon Jun-Chul, Mexican Munwon-Won, France Kim Yong-Ho, Spain Kim Young-Ki,

Philippines Hong Sung-Chun, Taiwan Kim Sa-Ok, Brazil Kim Yo-Jun, Canada Jung Young-Soo, Japan Higuchietsuo, Australia Seocheon-Suk, China Zaorei, Hong Kong Civilization, Woo Jong-Pil, Indonesia Oil Nam, Burma I can't forget the appreciation for the participation and encouragement of Taekwondo masters who have been active in various countries including Jeon Woong-hwan. As a result, Chungcheong University, which was a two-year school, began to attract students with more than the ability to enter a four-year college. In the case of sports diplomacy, the competition rate was more than 7 to 1 even though only four-dangers or more were selected. Since I decided to run for Daedeok-gu, Daejeon in the 5th minseon and left the school, the festival has gradually shrunk since I left school.

6th and 7th Taekwondo Association Taekwondo Association Presidents

As a Taekwondo person in Taekwondo, he served as President of Daejeon City Taekwondo Association for 6 generations and 7 generations to devote himself to promoting Taekwondo without forgetting pride and honor. At this time, Mr. Kim's efforts were very great. Kim has served as an instructor in Africa's Burkina Faso and Malaysia Taekwondo since he was a good friend from his youth. He is fluent in French and English and has a Ph.D. from Chungnam National University, and will contribute greatly to the development of Taekwondo in Korea. I worked as Hong Joon-pyo, Korea Taekwondo Counselor, as a member of the Korea Taekwondo Association, and Kukkiwon Chairman of the North and South Korea Exchange Committee. Knowing this experience and passion, Daejeon Taekwondo people invited me as the president of Daejeon Taekwondo Association from six to seven. As a unanimous consensus, it was that I ordered a lot for Taekwondo development in Daejeon. I knew it better than anyone. So I was forced to lead the association with a mindset of innovation. I had to create a fun working association.

The most emphasizing thing during his tenure was the formation of the Pan-Citizen Taekwondo Promotion Council. The council was centered to develop the Youth Guardian Movement with the Daejeon Office of Education and hosted the Daejeon MBC Broadcasting and Taekwondo Competition. In addition, the Taekwondo Demonstration Team was launched as a support project for Daejeon. In Daejeon, he set the goal of making Taekwondo the first brand of local government and pursued it. To realize these goals, △ 300 seals and 1,000 leaders unite △ The birthplace of elite taekwondo athletes Establishment of Taekwondo Department and Unemployment Team at the University of University △ 1,500,000 Daejeon citizens participate Promotion Council was promoted. Daejeon

Taekwondo Association took over the role of control tower for all these activities.

The promotion of taekwondo, which started with 300 taekwondo dojangs and 1,000 leaders, started first. About 300 Taekwondo paintings were directly modeled, and a project was carried out to advertise 18 times a week on CMB TV. The advertising project exceeded expectations. The company also concentrated on its ability to foster elite sports, creating the unemployment team. On February 12, 2009, the historical Unemployment Taekwondo Team was founded at Yuseong-gu Office. The primary goal was to be ranked third overall at the 90th National Athletics. When the unemployment team was founded, the teams, athletes, etc. in the university, high school, junior high school, and elementary school could be supplemented to form a pyramid structure. At the time, the Superintendent of Kim, Shin-Sung played a big role in building such a team structure. Superintendent Kim was the honorary chairman of Daejeon Taekwondo Association.

Chairman of the Pan-Citizen Taekwondo Promotion Council commissioned Yang Hong-gyu, a deputy mayor of Daejeon City, at the time. The council declared "Daejeon Taekwondo Association Day" and started the pan-citizen movement in earnest with 30,000 citizens and Taekwondo participants at the Daejeon World Cup Stadium. It was a historical event that not only sportsmen but all citizens were surprised. The activities of the council are the main focus △ Establishment of Taekwondo Halls by Establishing Daejeon Taekwondo Council Hall △ Deportation of violent acts such as school violence and bullying through the establishment of the Daejeon Student Safety Support Group △ Taekwondo in Daejeon by hosting the International Taekwondo Festival Plans were also made to create a central city. In particular, the goal was to make Daejeon citizens mentally and physically healthy. The chairman was grateful for the two chairman's honors, and on July 5, he was awarded the Honorary Certificate of Kukkiwon 4th Dan at the founding general martial arts olympiad at Boeunsan.

In 2013, the National Muju Taekwondo Park was completed.

Daejeon is the best city with the best access because it can reach Muju in 1 hour. Taking advantage of this, the idea was to make it a sports tourism brand city so that foreign Taekwondo trainees could tour in Daejeon. So we prepared one by one at the association level. One of them was the nation's first founding Taekwondo Demonstration Team. Hosted by Daejeon City and organized by the Taekwondo Association, the city is supported by a budget of 60 million won annually, and a demonstration group of seven teams from each class can hold demonstrations in front of citizens and tourists on the streets of culture. It would be.

In connection with this, in the park of China, all citizens practiced tai chi in the morning and devised "Citizen's Health Taekwondo Dissemination". It is my 'Taekwondo Citizenship' that it is possible to receive participation and love from citizens as long as it complements Taekwondo program. Therefore, through the Taekwondo, I made clear that I should improve the quality of life of citizens. This master plan comes from unique taekwondo field experience. He wrote a doctoral dissertation on the subject of taekwondo, and he was a teacher who teaches taekwondo, and his administrative history including the president of the Taekwondo Association and the chairman of civil society organizations such as the president of Saemaul Undong made it possible to envision this master plan.

Viewing Taekwondo from an Academic Perspective

I have been a taekwondo leader all my life, and I have actively trained leaders for Taekwondo masters. In addition, he focused on sports diplomacy and domestic academic development. Despite his busy schedule, he devotes himself to becoming a professor who majored in Taekwondo through writing activities, writing columns, and related academic activities. The dissertation includes the dissertation 'Study on Leisure Activities and Values of Public Officials' (Master's Thesis) and 'The Effects of Taekwondo Training Program on Body Composition and Fitness by Age Group' (Doctoral Thesis) Over 60 episodes have been published, including how to rationalize Taekwondo coating management through activities. The 250 columns written in various daily newspapers and Taekwondo magazines also showed interest and affection for the popularization of Taekwondo.

The doctoral dissertation, "Effects of Taekwondo Training Program on Body Composition and Physical Fitness by Age Groups," analyzed the Taekwondo training program scientifically. The doctoral thesis was awarded the Best Paper Award at Korea University. In particular, it has the meaning of the first PhD in physical education in Korea University history. Previously, I received a Ph.D. but received a Ph.D. in physical education. At the prestigious Korea University in Korea, I was very proud to be the main character of Ph.D. Heartfelt congratulations around me. I know how hard it was to write a thesis.

The doctor's dissertation, "Thank You," wrote all the hardships that I experienced in writing my thesis. "I don't know how difficult it was to initially design a project and set up a control group and an experiment group. In particular, setting up a

Taekwondo test group for adults and elderly men and women, training for 16 weeks, and measuring body composition and physical fitness that took more than 2 hours at a time was a way of melting the frozen ground for 6 months." This doctoral dissertation could not be born without Taekwondo love. Hundreds of volunteers participated in this paper directly or indirectly, and six doctoral research assistants helped with the research. I dare to express it as a result of tangled blood, tears, and sweat.

He has published more than 10 books including Sports Diplomacy and Ono Kyun's Happy Energy. One of these books, which is widely known to the general public, is "Let's work with Dr. Oh." On October 25, 2005, at Chungju KBS Radio, 'Radio Chungju, Let's Exercise' program was launched, and since the first radio wave, she appeared as a live caster to encourage athletics. This book is a collection of manuscripts from the time. About the motive for writing this book, in the preface of the book, "It is a pity that modern people are suffering from incurable chronic degenerative diseases due to lack of exercise.

The state warns of an increase in people's obesity, and actively encourages the proper lifestyle movement. Therefore, for the sake of health, we should improve the quality of healthy life by having one sports per person and establishing sports 7330 sports (three times a week or more than 30 minutes a day). Said.

It has never been more than one time to meet the deadline for broadcasting manuscripts due to overseas business trips, domestic and foreign events, school classes, and school classes. Nevertheless, he showed sincerity without breaking his promises to his viewers. The message to the people through the broadcast was simple. "When you exercise steadily, you add fun to your workout and continue to do it, but it's only when you start your workout for the first time that you have 100 days of basic physical strength. It's a pity that some people can't put up with the 100-day exercise and never exercise forever and complain of lack of exercise in middle and old age." Based on this message, the radio broadcast that emphasized the necessity of exercise stimulated modern people of lack of exercise. It was praised for being a useful corner.

He also actively participated in academic activities and led sports-related research activities such as the President of Korea Leisure Sports Society and the President of the Inter-Korean Taekwondo Research Institute. In particular, the Korea Leisure Sports Society was founding member and served as chairman for four years from 2000. By presenting the "A Study on the Leisure Activities and Values of Public Officials" at the conference, the government encouraged officials to ride bicycles, making a significant contribution to the expansion of the electric bike movement and leisure culture currently being promoted nationwide. The Inter-Korean Taekwondo Cooperation Conference was held from May 29 to June 1, 2002 in Pyongyang Taekwondo Hall to meet with the President of the International Taekwondo Federation. At this time, Hwang Bong-young, chairman of the Chosun Taekwondo Committee, invited the participants. I was in charge of the lead from our participant to visit Pyongyang, and I was the South representative. This left a big achievement in promoting peace and the first private exchange in Taekwondo history. Through the inter-Korean cooperation meeting, the philosophy of "Taekwondo is peace" was shared, and the East Asian Taekwondo Federation (EATU) was created to continue to develop it. The East Asian Taekwondo Federation is an East Asian Community Cooperation Organization that promotes exchange and cooperation between Taekwondo Dojangs, Teachers, and Trainees.

We do not lose ground in volunteer work

History of participation in activities of general volunteer groups varies, including the chairman of the faculty council of the Taekwondo Department of the University of Korea. Among the volunteer organizations, the Korea-China-Japan Taekwondo Cultural Exchange Association has been mainly inviting Chinese masters and taekwondo practitioners and providing cultural exchanges through taekwondo tours and demonstrations. As he has always been active at the center of the association, he still has a strong relationship with China's representative, Professor Ryu-gun Guizhou and Chairman Etsuo Higuchi, Kumamoto Prefecture. The International Taekwondo Academy was established in 2001 as the representative of Chungcheong-kwon

Representative Festival hosted by the government. Every July, they gathered at Chungcheong University to foster friendships, practice together, show off their skills, and hold membership seminars. It is now an international martial arts olympiad.

The World Taekwondo Culture Festival is networked with Taekwondo Dojangs in over 40 countries and is participating in the festival until 2010. They visited Taekwondo Jongjuk with his disciples, family, and ho-ho members, and some said that the festival was more active than Kukkiwon's Taekwondo Hanmadang. After I successfully held the festival up to 10 times, after leaving Chungcheong University to run as an elected official, it is a pity that the festival is abolished. The martial arts who have come together to continue the festival have created the International Martial Arts Olympiad as a corporate judicial person and have been reviving the embers since the first tournament in 2018 on Guam of Peace. In October 2019, Boeun agreed to hold an international martial arts olympiad in 10 countries in the UNESCO city of Songnisan.

World where North and South become one in Taekwondo

As Koreans who are interested in taekwondo may know, taekwondo, a national martial art, is divided into South (WTF) and North (ITF). All Taekwondo people are very sad about this and think that one day, Taekwondo should be one of the two Koreas. I have the same idea. At the height of the Cold War, it was ping pong that the US and China shook reconciliation. That is why world history refers to the situation as ping pong diplomacy. I got a hint there. I thought Taekwondo should be at the forefront if the two Koreas were to come together and find a way to exchange sports through one sport. So daringly tried to contact the North. As a professor of sports diplomacy, I thought I should reach out to North Korea first. So I first created an opportunity to get in touch with the North Korean personnel, and the inter-Korean Taekwondo exchange began as desired.

When I visited Canada, I met Choi Hong-hee, the governor of ITF. He met with him and insisted on creating a unified atmosphere through inter-Korean taekwondo exchanges. Choi also agreed. The agreement was put into action immediately, and on August 25, 2000, the Inter-Korean Taekwondo Festival was held in Yanbian, China. On the North side, Pyongyang Shipbuilding Taekwondo Service was attended. The inter-Korean Taekwondo Festival, held jointly with Yanbian University, was discussed with the Taekwondo demonstration. There was also a program of joint coaching between the two Koreas. The reception was held at a North Korean restaurant in Yanbian, and the first inter-Korean Taekwondo exchange event was held with Taekwondo people from both Koreas climbing the Mt.

With this event, I suggested to the north that I would like to give a special lecture on sports diplomacy at Kim Il Sung

University. However, this lecture was not completed because it was not approved by the North Korean authorities. However, since the North Korean Taekwondo demonstration team visited South Korea in 2003, we visited the North and continued exchanges. In commemoration of the June 15 South-North Joint Declaration, South Korea's Taekwondo major Oh-NoKyun and the North Korean table tennis major Han Han-hwa held a sports exchange cooperation conference. As expected, exchanges between the two Koreas through Taekwondo were speeding up, and sympathy was better than any other event. The South and the North had a meaningful time imprinting on each other that they should strengthen exchange and cooperation through Taekwondo.

Taekwondo is the forefront of globalization

Taekwondo, the national flag of South Korea, had to play a leading role in globalization. The Ministry of Sports Diplomacy accelerated discipleship in the belief that it would produce private diplomats. The students followed my heart well as I taught them. Taekwondo is much more known on the world stage than Koreans think. Taekwondo's role in globalizing Korea can be said to be greater than anything else. No one can deny that the most Korean sport is Taekwondo. The Department of Sports Diplomacy at Chungcheong University started with this recognition. So, just a few years after the beginning of the Department of Sports Diplomacy, it became a signatory department of Chungcheong University. Furthermore, it has grown into a representative department in Chungcheong area.

Taekwondo demonstrations were organized around the world by forming the Taekwondo Mission, which consists of students in the sports diplomacy department at Chungcheong University. After graduating from the demonstration team and graduating from the university, the students entered the world, including the United States, Canada, Australia, and China, settled as masters, leading the globalization of Taekwondo. In recognition of these achievements, the Ministry of Foreign Affairs also highly recommended that the Chungcheongdae Demonstration Team be sent abroad to promote Korea. As the overseas expansion became active, the school established the International Taekwondo Academy, which was able to spur the spread of Taekwondo by sending promising students all over the world. Delegates were frequently dispatched to China's Shenyang Citizens 'Day, Argentina's government events, Bhutan's government events, Russia's war memorial days, and the United States' Martin Luther King Parade, to better defend their position through Taekwondo.

For his globalization of Taekwondo, his only son, Oh Hyun, was sent to the Philippines as an orphanage. Master Oh Hyun was always eager to adapt well to local and promote Taekwondo. Oh Hyun, who was awakened to internationalization through Taekwondo, continued to operate Taekwondo dojo after returning home, and led a demonstration team to advance overseas to fulfill his role as a civilian diplomat. We are actively operating the children's Taekwondo demonstration team and actively instructing them to grow into Taekwondo talents who will represent Korea in the future. Oh Hyun believes that he will continue to contribute to the globalization of Taekwondo.

Overseas Activities of Chungcheong University Taekwondo Mission

■ 1998

· Demonstration tour of Southeast Asia (Myanmar, Thailand)

· supported by the Ministry of Culture and Tourism

· Demonstration of World Martial Arts Festival in Osaka, Japan (NHK)

· 1998 Opening Ceremony of the 1st World Taekwondo Youth Culture Festival

· Opening and Closing Ceremony of the 13th Asian Taekwondo Championships (Ho Chi Minh, Vietnam)

■ 1999

· Trial of Tokyo University of Physical Education and Changga University in Japan

· 1999 Opening Ceremony of the 2nd World Taekwondo Culture

Festival

· 4 European countries (Finland, Latvia, Russia, Germany)

■ 2000

· Demonstration of three European countries (France, Algeria and Morocco)

· Demonstration of Karate Championships in Japan

· First Taekwondo Demonstration in Yanbian, China

· 2000 3rd World Taekwondo Culture Festival Demo

· China (Beijing, Chengdu, Emeishan, Shaolin Temple) demonstration

· LA Martin Luther King Parade Demonstration

■ 2001

· At 3 African countries (Ghana, Togo and Morocco)

· Opening Ceremony of the 4th World Taekwondo Culture Festival 2001

· Taekwondo demonstration of East Asian Games in Japan

■ 2002

· Korea Week Turkey Event Taekwondo Demonstration

· Dispatched Yanbian International Academic Seminar and Taekwondo Demonstration Team

· Former Japanese Karate Championships

· 2002 Opening Ceremony of the 5th World Taekwondo Culture Festival

· Dispatched Russian Yakuchuk Taekwondo Demonstration Team

· Demonstration of two tours in Eastern Europe and the Middle East (Turkey and Kuwait)

■ 2003

· Demonstration of three Middle East countries (Egypt, Jordan, Lebanon)

· Russia (Yakutsk, Khabarovsk) demonstration

· Awaori Festival, Tokushima Prefecture, Japan

Since 2010, he has toured dozens of countries around the world and has been with them through sweating and taekwondo demonstrations. Association presidents and masters from each country warmly shared their visits to Korea, and they were always humbly grateful for their taekwondo masters. Isn't Korea's overseas missionaries, presidency heading the Taekwondo Association in foreign countries, Taekwondo families and patrons all becoming 'Taekwondo' families? All are grateful people for today's Ono bacteria. If there is a place I need in the future, I will run to any place in the world and work with them to become a grain of wheat for the development of Taekwondo.

Vision and Promise to Taekwondo People

Kukkiwon is the sacred place of Taekwondo. However, it is hard to see that the status as a holy place has been established as we expect. In addition to Taekwondo, Kukkiwon is insignificant despite its intangible assets. To raise the status of Kukkiwon and create a sacred place for world Taekwondo, the work must begin from the inside. The starting point is the harmony of Taekwondo people and caring for each other. Therefore, we must strengthen the courtesy of the elders, save the juniors, and establish a culture of love. It is urgent to provide soil for all Taekwondo people to be united through Kukkiwon and to cultivate authenticity.

The spread of Taekwondo nationwide should be sold out.

The starting point should be the development of healthy Taekwondo. This is what Kukkiwon should do. It is necessary to cultivate more international crimes, and to be certified by Kukkiwon and to play a key role in producing quality leaders. The public relations channels should be diversified to spread taekwondo to all over the world, and the spread of taekwondo training should be carried out anywhere in the world. This is also what Kukkiwon should do. Kukkiwon should be located at the peak of the taekwondo renaissance.

As a result of collecting opinions from domestic and foreign masters, Kukkiwon naturally understood that Taekwondo should be in charge, and in particular, full-time executives had to switch to volunteer positions. Based on these opinions, making Kukkiwon that all Taekwondo people would like is the first step to making Kukkiwon holy and raising its status to the world. Taekwondo is not the only Taekwondo in Korea. It is the physical and mental training method of the world people who practice together. When Kukkiwon is standing up, all of our dreams can come true.

International Martial Arts Olympiad. (IMAO)

There is Taekwondo in Korea, Wushu in China, and karate in Japan. Likewise, each country has its own particular martial arts style and training methods, which can also be called a national Martial Art. Each martial art has its own unique traits depending on the difference as such as in lifestyle and environment. I believe that it was necessary to gather traditional martial arts together and organize a martial arts festival. That is how I came up with 'International Martial Arts Olympiad'. Then, in preparation for the overall planning and participation of the festival (contest), the East Asian Taekwondo Union (EATU) was founded on March 16, 2016, I initially served as the chairman of the organization followed by Myung-soo Lee, who is the former member of the National Assembly. The East Asian Taekwondo Union was formed by a group of people, who are interested in the internationalization of Taekwondo. It was founded by martial arts leaders such as Professor Oh-NoKyun Oh of Korea, who is the president of the Ryeogun of Jeungguk, also Higuchitsuo of Japan, and Hyun Oh (Laos KOICA Cooperation Agent).

Along with The East Asian Taekwondo Union, I established the Dong A Institute of National Martial Arts(DANIM). The institute decided to take on the role of systematic research, exchange and cooperation of the national martial arts in East Asia, consulting in succession and development of each martial art. First of all, we began to secure a wide range of connections participating in the research activities. I became the first director and Sang-hwa Yoon (Yongin University), Kyung-hwa Jeong (Takyeon Human Cultural Properties), Hun-chi Hun (Hanyang University), Myiung-soo Choi (Shinhan University), Chul-young Choi (Halla University), Dae-sung Moon (Former IOC member), Sun-chun Jung (ITF Research Director), Chang-yeol Ryu (Udari

Nongak Human Cultural Property), Sang-ki Lee (Vice President of Ssangbangul Group), and Yeon-woo Lim (Invited Professor at Chungbuk National University) confirmed that they would take care of their respective duties within the organization.

The International Martial Arts Olympiad, a judicial corporation, was approved for establishment in Spetember 24th, 2019(No. 2019-12) with foundational belief, 'based on our national martial art, Taekwondo, the aim of this corporation is to make traditional martial arts from all over the world get together, spread peace and spirits to the world in the 21st century, find martial arts from ethnic minorities that are scattered and lost, and restore or develop them.' Furthermore, 'It aims to increase the value of traditional martial arts, which are fundamental gestures of mankind, and to promote it.' The Olympiad started with responsibility and consideration that Taekwondo, which has already achieved globalization, should lead a certain role in restoring traditional martial arts of ethnic minorities and primitive tribes. By principle, the International Martial Arts Olympiad is held in UNESCO World Heritage City.

The main business of the International Martial Arts Olympiad is the approval of the International Martial Arts Olympiad, the approval and management of branches and organizations in each country, the international exchange of traditional martial arts and the globalization of traditional Taekwondo culture, fostering and approving martial art masters, inter-Korean martial arts exchange cooperation projects, martial arts qualification training and fostering international masters, sports facility management, martial art activities support to the disabled and multi-cultural family, and other necessary businesses. After the organization was reorganized, the activities that came afterwards were unprecedented. On July 3, 2019, influential leaders met at the Sancheon Education Center in Matigogae, where legends of King Wang Geon Taejo of Goryeo Dynasty came. Those leaders were the lawyer Hong-kyu Yang (former Deputy Mayor of Daejeon-si), Moon-suk Lee (Kukkiwon Deputy Chairman), Tae-ho Choi (Sejong Special Self-governing Superintendent candidate), and Yeon-woo Lim (visiting professor from Chungbuk National University), and over 100 attendees from all over the world. They held a historic foundational conference and elected Oh-NoKyun Oh as known as Dr. Oh as a founder president and a board president. It can be said that all the officials regarded the Olympiad as the future and actively participated.

The first tournament was to be opened on December 20, 1998 at the Ipao Beach Park in Guam, the island of peace in the South Pacific, but was held on January 19 and 20, 2019 due to local circumstances. Then we organized the Promoter Association for the incorporation of the International Martial Arts Olympiad. I became the chairman of the competition and organized it, then the organizing committee chairman Jin-young Cho was extremely dedicated in making this event a success. In Korea, 120 team members including head coach Byung-jun Park and General Manager Hyun-do Cho participated in the event and exchanged with martial arts leaders and players. The first tournament was held in Guam because the Guam government were hosting a convention to celebrate Guam's 75th independence anniversary. Governor Leon Guerrer from Guam Government was the honorary chairman. Head coach Etsuo Higuchi led the Japanese team and also many Guam players including head coach Sang-yeol Ma and board members participated in the competition. The traditional dance from Guam called 'Camor' was advertised throughout the competition.

After the successful hosting of the first tournament, the second was held in Boeun, Chungbuk, South Korea in 2019. During this second competition, the scale of the event was further expanded, and more than 150 teams from 16 countries, including Guam, Japan, France, the United Kingdom, and the Netherlands, visited Boeun. In Europe, the participation of the world governor of the World Martial Arts Academy, Yong-Ho Kim raised the quality of the competition to the next level. In Korea, more than 800 martial artists participated. In addition to Taekwondo, a large number of martial arts practitioners such as Aikido, Taekkyeon, Haedong Kumdo, Jeolkwondo, and Breaking(breaking a hard object with a hand, foot, head, etc. as a genre of Taekwondo) participated and showed high-quality matches. The event was divided into three categories

- competition and Poomsae, which means pattern of defense-and-attack motions, and Breaking. This event became incredibly popular, and Boeun, a rural area, was flooded with martial artists from all over the world during the tournament. The festival was successfully completed with enthusiastic response and the much appreciated cooperation of the local people.

50 members including Judith Teresa(congress chairman of Guam), Sung-rak Ma (chairman of Guam's local East Asian Taekwondo Federation) attended the International Martial Arts Olympiad, and showed Guam traditional dance to Korea. In addition, as well as attending the opening ceremony as US-Korea goodwill envoy of US-Korea Taekwondo Self-Defence Forces Demonstration Team (Chief Moon-ok Kim), they contributed promotion of friendship by showing their mastery. Specially, the participated athletes from each country who participated in the competition and had a chance to experience Korean culture by visiting the Boeun JuJube Festival. The International Martial Arts Olympiad, which has successfully completed the 1st and 2nd events, established itself as a goodwill venue through national

martial arts exchanges. It also played a role in promoting Boeun, a UNESCO city, as an international tourist destination. The 3rd International Martial Arts Olympiad will be held as an official event to coincide with the '2020 Visit Korea Daejeon'.

The hosting of the International Taekwondo Olympiad in the future will also be a challenge. When Taekwondo Olympiad is held, it will be a competition to select gifted martial arts practitioners from around the world along with the International Mathematical Olympiad, International Physics Olympiad, and International Science Olympiad. The International Mathematical Olympiad (IMO) is a competition where the world's leading gifted mathematicians will gather to compete their talents. It started in 1959, in Romania, and held in every July, going around each country. Students under the age of 20 who have not received college education are qualified to participate. In initial period, it was attended mainly by those from Eastern Europe countries. Nowadays, more than 100 countries participate, and in 2000, it was held in Daejeon. It is said that there is a justification that the International Taekwondo

Olympiad (IMAO) should be opened for sustainable martial arts Taekwondo.

Therefore, I chose to hold the Taekwondo Olympiad as an election pledge to chairman of Kukkiwon (Tentative name). In order to make Kukkiwon to be considered as the shrine of Taekwondo Olympiad, it was decided to promote the establishment of ordinance on supporting Gangnam-gu and Seoul, the local areas where Kukkiwon is located. It is planned to establish a T/F team to establish an intermediary organization (the secretariat), and designate Kukkiwon as a UNESCO World Heritage site by the World Taekwondo Olympiad via an organizing committee securing a budget. In order to implement this as a policy, it was decided to form a consensus with Gwan-soo Lee (chairman of Gangnam-gu Council, and to continue to discuss development plans. In addition, we decided to promote Kukkiwon to be designated as a UNESCO World Heritage. It is because at Kukkiwon, the founding promoters meeting was held on May 27th, in conformity with the founding of the founding of the World Taekwondo Federation (May 28, 1973), and it is where the 1st World Taekwondo Championships (May 25, 1973) were held. This was held at Kukkiwon because it also served as the birthplace from which to spread it to the various countries.

Taekwondo has been adopted as an official Olympic sport since the 2000 Sydney Olympic Games and made an important contribution to the development of world sports culture. The role of Kukkiwon, which is the center of the world Taekwondo, was the most important element in this. Not only does Kukkiwon has an excellent Korean aesthetic and historical values, but also it has a high architectural value. Traditional forms and styles of it have a very high preservation value, and It is the only such place in the world that preserves its integrity. Therefore, a proper management and preservation plan is essential. Kukkiwon must be designated as a UNESCO World Heritage Site and protected as a heritage for all of humanity. In other words, the status of Kukkiwon will be established globally through the International Martial Arts Olympiad, and become the shrine as the center of the Olympic Taekwondo movement. Kukkiwon will play a leading role in the sustainable development of Taekwondo through competitions of gifted children under the age of 20, and if it is designated as a UNESCO World Intangible Heritage, it will become a world-class attraction.

Challenge the first president of Kukkiwon

2019, exactly 50 years have passed since I started Taekwondo. The first Kukkiwon presidential election was held. As a Taekwondo person, I have been thinking of Taekwondo for a lifetime, so I thought presidential election of Kukkiwon could be a great opportunity for me to serve Taekwondo. So, I boldly decided to run in the election. In the meantime, the election was led by the board of directors. Because of this, it has been criticized that the election only by the board of directors is not a democratic process. So, after extensive efforts of leaders with the belief that Taekwondo should be set up immediately, the election method changed to direct elections by electoral groups from around the world. I decided to climb the first stage of the electoral process.

Taekwondo is an international martial arts sports practiced by 150 million people from 210 countries around the world. It has been recognized as an official Olympic sport since the 2000 Sydney Olympics and proved its international status. As such, the role of WT (World Taekwondo Federation) and Kukkiwon played the biggest role in the development of Taekwondo as an international martial art. 'Kukkiwon', which started in 1972 with the name of 'Taekwondo Central Training Center,' is the headquarters of World Taekwondo, which is in charge of the history, mentality, education, and examinations of Taekwondo, so that the spirit of Taekwondo can be established as the standard of living for people around the world. Kukkiwon is an international organization (IO) to spread the spirit of Taekwondo, and all Taekwondo people in the world are judged and trained in charge of Kukkiwon.

Kukkiwon started with the integrated Taekwondo pilot training, opened and operated the World Taekwondo Leader

Training Institute, and published a textbook of Taekwondo. In addition to operating the Taekwondo Memorial Hall, a demonstration team was founded to travel around the world to distribute Taekwondo techniques and to conduct Poomsae education. As well as holding the World Taekwondo Leaders' Forum, it also plays a role in disseminating Taekwondo by sending instructors to developing countries. Kukkiwon plays various roles to establish Taekwondo as a world martial art. It cannot be denied that Kukkiwon has become an international organization that has done countless things to develop Taekwondo since it was founded. Kukkiwon has a serious mission to increase its status as a headquarter of World Taekwondo through the establishment of World Congress and its branches.

In order to meet the demands of the times, I chose to run for popular vote of first president of Kukkiwon. The election was held by the Kukkiwon Election Management Committee and the Central Election Management Committee on October 11, 2019, with three candidates: Yeong-yeol Choi, Hyun-sung Kim and

No-kyun Oh. 62 of the 74 domestic and foreign electoral voters participated in the vote. In the first poll, the results were as follows: candidate no.1 Yeong-yeol Choi - 29 votes, no.2 Hyun-seong Kim - 4 votes, no.3 No-kyun Oh - 28 votes, and 1 vote was voided, None of the candidates earned majority vote (32 votes), so 2nd vote were conducted by the top 2 vote winners according to the Kukkiwon provisions of Article 9, Paragraph 3.

The voting results were as follows: 31 votes for no.1 Young-yeol Choi, 30 votes for no.3 Oh-NoKyun Oh, and 1 spoiled vote. The result showed that both candidates Young-yeol Choi and Oh-Nokyun Oh failed to earn majority vote(32 votes). Therefore, according to the provisions of the Articles of Incorporation, one of the two candidates, Young-yeol Choi and Oh-Nokyun Oh, had to re-vote until a majority vote(32 votes) was obtained. Nevertheless, the NEC did not re-vote (3rd ballot), and proclaimed that candidate Young-yeol Choi won the majority vote and was elected as president. I was convinced that the NEC had made a major mistake. I claimed that the election of the elected president was an obvious violation of the Kukkiwon's articles of incorporation and presidential election management regulations, which was not accepted.

As such, I submitted to the court an application for suspension of the president of Kukkiwon. The Department of Civil Affairs in Seoul Central District Court suspended the president by citing provisional the disposition of president's duties. This is the summary of determination: "According to the agreement concluded by Kukkiwon and the Central Election Management Committee at the time of the presidential election, 'the candidate with the majority vote and candidate with majority validated vote is decided as the winner, and if there is no winner. 'The final (re)election will be held until the winner is determined from those two candidates.' Since the quorum for the election of the President is prescribed in the Articles of Incorporation (Article 9, Article 7), unless a procedure for changing the Articles of Incorporation is made, no one can determine the quorum for the election of the President, unlike the provisions of the Articles of Incorporation. If the Board of Directors of Kukkiwon or the Central Election Management Committee can decide the number of quorums for the election of the President without changing the Articles of Incorporation, it will be violating Article 45 of the Civil Code, which is a mandatory regulation regarding the Articles of Incorporation of the Foundation."

They finally concluded, "We concluded that there had been a serious procedural defect against the Articles of Incorporation. So, it is still invalid even though the Kukkiwon Board of Directors, the Election Committee or the Central Election Committee has arbitrarily decided the number of quorums for the presidential election. Therefore, the decision to chair Young-yeol Choi as the president on October 11, 2019 is considered invalid." Therefore, I hope that the election of Kukkiwon will be made through a fair re-voting that everyone can accept by accepting the court's decision. It is my wish that Kukkiwon will be stabilized as soon as possible, and play a role in making Taekwondo a world-class martial arts holy place. I renew my determination to devote my life to create the most righteous and most active Kukkiwon.

Oh-NoKyun has been living with the faith that those who don't care of others, they don't deserve to be good leaders. And Oh registered as a candidate for Kukkiwon with the faith. There is an opinion "A sound mind in a sound body" by Decimus Iunius Iuvenalis and can't agree with him more. From now on, as the headquarter of World Taekwondo, Kukkiwon must also take a very important role in maintaining public order to youths from the world through spreading importance of sanitariness, physical strength, healthy mind after Covid-19. This is why diversity in business via networks with world branch is necessary. Kukkiwon should step forwards to world peace and well-being lives of people around the globe, leaving the previous attitudes of being too conservative and stubborn.

Therefore, Kukkiwon should take the lead in operation and provide a system that can sustainly disseminate Taekwondo to UN member nations. In order to make these come true, applying for consultative status of NGO, which belongs to UN Economic and Social Council (ECOSOC, a subordinate body of UN headquarter), is required. This is because Kukkiwon will be able to reach the targeted business smoothly when it establishes status as an international organization.

This designation can cite World TaekwonDo Headquarters (WTH) as it stands. Continuous expanding programs of Taekwondo for youths by dispatching instructors abroad such as developing countries including in Africa should be stimulated. Invitational workshop for leaders and youths from those countries, fostering international instructors over fourth-dan black belt, and authentication of international youth honorary police officer system should be organized as well.

Based on Act of Taekwondo(diminutive) Article 19(Kukkiwon) paragraph 8 subparagraph 4, which is 'it is allowed have overseas funds or branches,' Kukkiwon will have to establish Kukkiwon secretariats or branches in Asia, Europe, Oceania, Africa, etc. Also, on a trial basis. it will have to send Kukkiwon agents to promote various education for level test and dissemination of Taekwondo, and international exchange business. Then, it will have to gradually expand the secretariats or branches to worldwide.

Also, Kukkiwon must hold World Congress for member nations of Kukkiwon, establish 'Kukkiwon Charter,' and gather worldwide Taekwondo families under the charter. Then, it must raise the status as the world central organization of Taekwondo by communication between member nations in Kukkiwon World Congress and connecting with World Taekwondo Hanmadang.

In addition, domestically, based on the law 'The national sport of Republic of Korea is Taekwondo,' it is necessary to quickly establish enforcement ordinances and regulations for exapnsion to pan-national movement. and set standard bill of rights for promotion of local Taekwondo. Then Kukkiwon will have to make strong legal and institutional base for promotion of Taekwondo as national sports.

Kukkiwon should also become a control tower in order to activare school Taekwondo based on integral governance of school physical education. It should specialize programs for women, seniors, disabled, police, and expand voucher system supported by the government, so that the folks can approach the sport easily. Then it must promote these specialized training centers as public pilot project, and support instructors' wage, facility renovation fee with government's budget. Concomitant with this, Kukkiwon must institutionalize honoring doyen of Taekwondo or men of merit, and eagerly prepare plans for instructors who were engaged in Taekwondo for lifetime to spend rest of their lives in peace with great welfares.

Kukki Taekwondo Forum established

For the official 2nd annivarsary of Taekwondo, which celebrates Taekwondo became the national sport of Republic of Korea, 'National Taekwondo Forum' was established by doyen Taekwondo people and subject matter experts who are intersted in Taekwondo. The forum was held in a large restaurant in Gwanje-dong, Seo-gu, Daejeon, and took the first step to the forum for promoting development and restoration of Taekwondo. In the forum, people selected Oh-Nokyun Oh as governor, and the former chairman of Daejeon Western Saemaul Geumgo Ki-bok Kim, who held also filled the 5th chairman of Daejeon-si Taekwondo Association, as president. In particular, Byung-suk Park, who is preparing for the 6th election as the 5th member of the National Assembly, was selected as an honorary governor and raised the forum's status. The forum, where more than 20 promoters gathered, and pledged to take the lead in expanding the base of Taekwondo, Korea's national martial art, and raising public interest.

The members who attended the inaugural assembly committed that Taekwondo people should actively take part in promoting it to the public, since many people are unaware that Taekwondo is specified in law as the national martial art of the Republic of Korea. While the forum held regular Taekwondo-related seminars, every members pledged that they would make every effort to expand the base of Taekwondo more actively, mainly from Ilseon Taekwondo Training Center. In particular, the forum decided to take the lead in breaking the fact that Taekwondo is limited only to training sports for children, so everyone is able to enjoy and participate in it. Furthermore, the Kukki Taekwondo Forum decided to give directions so that Taekwondo could be set at the center of the Korean Fever based on Kukkiwon. In addition, opinions were gathered on establishing a framework for Taekwondo to develop it into a national martial art in more detail by enacting a single law related to Taekwondo.

A member of Parliament, Byeong-suk Park (authorized third-tier), who attended and accepted the position of honorary governor, said, "Taekwondo is a Korean representative culture, and it is the most powerful martial art which can be shown to the world about Korea. However, there is a lack of support and interest at national level. The Kukki Taekwondo Forum will lead the spread of Taekwondo and pioneering the Korean Wave market." The first president Ki-bok Kim also said, "Taekwondo has a myriad of roles to play in the future, but there is no centripetal force, so the activities were limited. The Kukki Taekwondo Forum should provide various ideas on Governor Oh-NoKyun's basis, and will actively cooperate so that Taekwondo can conduct its role as the martial arts of the Republic of Korea by exerting cohesion."

As the founding members of the forum, including me, the governor, honorary governor Byeong-suk Park (5th National

Assembly member), Ki-bok Kim (5th President of the 5th Daejeon Taekwondo Association), Sang-do Park (president of Centeral Training Institute of Filial Piety and Personality Education), Yeon-woo Lim (3rd president of Daejeon-si Taekwondo Association for Disabled), Kyu-yong Lee (elder of Mudeok-gwan), Chang-wan Kim (elder of Cheongdo-gwan), Bok-hyeon Son (elder of Mudeok-gwan), Hong-seok Shim (manager of Daejeon-si Taekwondo Association), Tae-yoon Jang (professor of Taekwondo from KAIST), Kwang-soo Ji (director of Gyeongmu Taekwondo), Tae-gyu Lee (director of Korea Taekwondo), Seong-yeol Woo(deputy Secretary-General of International Martial Arts Olympiad), and Kyung-sook Kim (treasure officer of the East Asian Taekwondo Federation) participated in the forum. In addition to above, additional attendees are: Chang-seop Nam (secretary-general of the Daejeonlove Citizens Conference), In-woong Song (representative of Human Rights TV), monk Hye Kwang (Robert Gallop), Do-woon Kim (editorial member of the Geumgang Ilbo), Jung-kyu Choi (chairman of the Daejeon Traffic Disabled Association), and Seong-hwan Lim (former secretary general of the headquarters for Korea Walking Movement).

The Kukkiwon Taekwondo Forum was the first event since its foundation, and on March 30th, the civic forum was held in the office of Daejeon Jung-gu Human Rights Center as well as the 2nd anniversary of the legislation of the Taekwondo Republic of Korea the Kukki Taekwondo Forum. In this ceremony, where citizens representing all walks of life attended, the participants agreed it is desperately need to generate more public awareness of the fact that Taekwondo is a Korean national sport, and they promised to actively advertise in their own field. As President of the Kukki Taekwondo Forum, I received a favorable response from the participants by emphasizing the fact that a separate legal enactment is needed in order to develop Taekwondo and have a status as a national sport. in Kukki Taekwondo Forum, we also agreed to consistently hold major and minor Taekwondo related meetings and events to induce public interest in Taekwondo and promote development based on this.

Foundation of World Academy of Taekwondo Culture in the Birthplace

In connection with the national Memorial Day 'Taekwondo Day' on September 4th, the WATC (World Academy of Taekwondo Culture), the attached institution of 'International Martial Arts Olympiad (IMAO)' corporation, buckled down and was founded with signboard hanging ceremony. WATC has been established with the will of Won San, the Doctor of philosophy and foundation chairman. His will was to spread out peace and freedom throughout the world through Taekwondo culture, based on high world view and love for humanity. Since I became the first president of WATC, WATC will promote empowerment education of Taekwondo instructors from home and abroad based on Taekwondo philosophy.

Also, it will take charge of the headquarter of WATC, which promotes Taekwondo industrialization that answers to the Fourth Industrial Revolution and the second revival of Taekwondo through Martial Arts Olympiad (Taekwondo Poomsae(form), breaking, self-defense technique), Taekwondo exchange between south and north Korea, Taekwondo Festival, dispatch Taekwondo instructors. It is planning to develop future talented instructors with high quality and customized education system that is combined with humanities and traditional martial arts such as martial arts of the fist based on Muye Dobo Tongji (Comprehensive Illustrated Manual of Martial Arts) — It is made with scholarship from Kim Jangesaeng, a Neo-Confucian scholar in Joseon dynasty with a pen name Sagye, straightforwardness and morality, from Song Siyeol (Uam), and King Jeongjo — and weaponry martial arts such as Taichi Rod, and Expandable Baton.

For the teaching staff who will lead WATC, many well-reputed people from every fields including Taekwondo related professor, philosopher, Oriental medical doctor, pedagogist, and scholar of traditional martial art. Also, WATC will lead foreign Taekwondo instructors dispatch business with priority given to China, USA, and Australia, along with support for establishment foreign WATC. As an affiliate program, WATC, which has various amenities such as café for community space, offers exhibition with timeless ceramics like celadon and white porcelain from ancient and medieval China, iron meteorite, and paints and bonsai works by Kim Ki-Chang (Unbo). WATC will connect traditional culture business including trip to Baekje's ancient capital Gongju and Buyeo, where UNESCO has registered, and templestay to Buddhist Mountain Monasteries such as Magoksa and Bupjusa, where they have thousands years histories.

As the first president, I have the ambition to make WATC the center of the world Taekwondo culture. Accordingly, I will establish branches of WATC throughout the world, and start the second Taekwondo revival movement by leading the spirit of Taekwondo from the birthplace. In addition, my plan is to make WATC the center to lead world Taekwondo, by activities such as corresponding to the changes during the 4th industrial revolution, awakening human intelligence through chivalry, and open up chances for young instructors to participate in UNV (United Nation Volunteers). Especially, WATC will become a healing center to international instructors who are visiting Korea on the recommendation of Cultural Centers overseas, and provide services of new techniques in various martial arts.

WATC is planning on providing Taekwondo education programs to foreign undergraduate students, so WATC will establish system that approves credits by the means of the bilateral agreement on by education from university professors with doctoral degrees. WATC is also expecting to help people who want to go abroad and become Taekwondo instructors can get counseling anytime, and achieve Martial Arts Instructor Certifications that have been approved by the corporation IMAO committee with short/mid/long term Taekwondo instructor training course. Based on this, WATC will register itself on UNESCO, and highly encourage and recommend the participation of undergraduate students and youths on activities like UNV.

WATC has a dream that it will grow as the three central features of Taekwondo in the birthplace, along with Seoul Kukkiwon and Muju Taekwondo Center. As the center of the country, WATC has an executive office (042-710-0105, general secretary Song Yin-Woong) in 161, Bugyuseong-daero, Yuseong-gu, Daejeon, which is the city of hot spring with thousands of history. The main facilities in each floor are: ▶B1 main Taekwondo studio, ▶1F information center, Seongcheon Culture Center, executive office, café, restaurant ▶2F function room, martial arts stadium, studio, pressroom, and around 500 stands. The broadcasting system that can relay martial arts competition and seminars is also furnished with high-tech facilities. 'Ono Kyun Taekwondo TV(OKTV)' started Youtube channel from here. WATC has installed 55 stairs called 'Gudo-gil'

Due to the COVID-19 situation, the 3rd International Martial Arts Olympiad online festival will be held as the World Taekwondo Festival on December 10th, 2020, celebrating the opening WATC, along with the 72nd anniversary of the Universal Declaration of Human Rights.

저자 소개

오노균

Oh, No-Kyun

오노균 (Dr. Oh, No-Kyun, 吳盧均)

• 학력

· 고려대학교대학원 체육학박사(Ph.D)
· Southwestern Univ.(Major : Educationanl Management) (ED.D) - 교육학박사
· 명지대학교대학원 체육학석사
· 용인대학교 태권도학과 졸업
· 고려대학교 교육대학원 및 행정대학원 CEO과정 수료

• 주요경력

· Southwestern University (Cebu City Philippines) 교환교수
· 국기원 세계태권도한마당규칙제정위원장
· 국기원 남북태권도특별위원회 위원장(1 · 2세대)
· 남북태권도협력회의 남측 대표(평양)
· 국제태권도아카데미위원회(ITA) 회장
· 한-중(동아시아)태권도문화교류협회장
· 세계태권도문화축제사무총장
· 세계태권도연맹 국제심판
· 제14기 민주평화통일자문회의 상임위원
· 한국레저스포츠학회장
· 대한태권도협회 이사
· 대전광역시태권도협회장
· 대전광역시장애인태권도협회장
· 대전충남스페셜올림픽 회장
· 대전광역시새마을회장
· 충청대학교 스포츠외교학과 교수
· 충북대학교 초빙교수
· 한민대학교 부총장
· KBS 제1라디오 92.1FM 캐스터
· 국제무예 올림피아드 회장 등

• **주요 논문 및 칼럼, 저서 등**

· 주요 논문 : '태권도수련프로그램이 연령계층별 신체 구성 및 체력에 미치는 영향' 등 총 60여 편

· 사설 및 칼럼 252회

· 저서 : 『오노균의 행복 에너지』『스포츠외교론』 등 10여 권

• **상훈**

· 고려대학교 우수논문상

· 충청대학교 우수교원상

· 2005 대만국제체육운동사학회 우수논문 학술상

· 대전일보 문화상 수상

· 대한민국 관광대상 우수상

· 제56회 전국체육대회 및 전국종별 태권도선수권대회 등 입상

· 체육부 장관상

· 행정자치부장관 표창

· 문화관광부장관 표창

· 제24회 서울올림픽 기장 수상

· 대통령 공로표창 등

Oh, No-Kyun (오노균, 吳盧均)

• Education

· Ph.D. in Physical Education, Graduate School of Korea University
· Southwestern Univ. (Major: Educationanl Management) (ED.D) Doctor of Education
· Master of Physical Education, Graduate School of Myongji University
· Graduated from Taekwondo Department, Yongin University
· CEO of Korea University Graduate School of Education and Graduate School of Public Administration

• Main experience

· Exchange Professor, Southwestern University (Cebu City Philippines)
· Chairman, World Taekwondo Hanmadang Rules
· Chairman of Kukkiwon Inter-Korean Taekwondo Special Committee (1st and 2nd generation)
· South Representative of the North-South Taekwondo Cooperation Conference
· President of the International Taekwondo Academy Committee (ITA)
· President of the Korea-China (East Asia) Taekwondo Cultural Exchange Association
· Secretary General, World Taekwondo Culture Festival
· International Judges
· Member of the 14th Democratic and Peaceful Unification Advisory Council
· President, Korea Leisure Sports Association
· Director of Korea Taekwondo Association
· President of Daejeon Taekwondo Association
· Head of Taekwondo Disabled Association of Daejeon Metropolitan City
· President of Daejeon Chungnam Special Olympics
· Daejeon Saemaeul President
· Professor, Department of Sports Diplomacy, Chungcheong National University
· Invited Professor, Chungbuk National University
· Vice President of Hanmin University
· KBS Radio 12.1FM Caster
· President of International Martial Arts Olympiad

• Main papers and columns, books, etc.

· Thesis : 'Taekwondo Training Program's Body Composition and Physical Fitness by Age Group'
· Impact on Editorial and column : 252 times
· Books : About 10 books including 『Oh Kyun's Happiness Energy』 and 『Sports Diplomacy』

• Awards

· Korea University Best Paper Award
· Chungcheong National University Best Teacher Award
· 2005 Best Paper Academic Award, Taiwan International Athletic History Society
· Daejeon Ilbo Culture Award
· Korea Tourism Awards, Excellence Award
· Winner of the 56th National Sports Competition and National Taekwondo Championships
· Minister of Sports Award
· Minister of Government Administration and Home Affairs
· Award from the Minister of Culture and Tourism
· Won the 24th Seoul Olympics badge
· Presidential Citation

오노균의 태권도 반세기 ⓒ오노균, 2020

발행일 초판 1쇄 발행 2020년 10월 15일
지은이 오노균
펴낸이 이영옥
편 집 이설화
펴낸곳 도서출판 이든북 **등록번호** 제2001-000003호
전 화 042 · 222 · 2536 **이메일** eden-book@daum.net
팩 스 042 · 222 · 2530
주 소 (34625) 대전광역시 동구 태전로 30, 광진빌딩 2층

ISBN 979-11-90532-67-9

값 12,000원